# みんなの日本語

初級I 第2版

## Minna no Nihongo

प्राथमिक जापानी भाषा I
अनुवाद र व्याकरण व्याख्या-नेपाली

翻訳・文法解説
ネパール語版

スリーエーネットワーク

Published by 3A Corporation.
Trusty Kojimachi Bldg., 2F, 4, Kojimachi 3-Chome, Chiyoda-ku, Tokyo 102-0083, Japan

ISBN978-4-88319-930-3 C0081

First published 2023
Printed in Japan

# प्रस्तावना

यस『मिन्नानो निहोन्गो』पुस्तक शिर्षक अनुसार, पहिलो पटक जापानी भाषा पढ्ने व्यक्ति जो कोहि पनि रमाएर पढ्न सक्ने, त्यसमाथि सिकाउने व्यक्तिले पनि रोचक तरिकाले सिकाउन सक्नेगरी ३ बर्षभन्दा बढी लगाएर योजना तथा सम्पादन गरिएको『सिन निहोन्गोनो किसो』भगिनी संस्करण पनि भन्न मिल्ने विश्वसनीय पुस्तक हो ।

पाठकवृन्दलाई जानकारी भए जस्तै『सिन निहान्गोनो किसो』प्राविधिक प्रशिक्षार्थीहरुको लागि सम्पादन गरिएको पुस्तक भएता पनि, पहिलो चरणको जापानी भाषा पुस्तकको लागि चाहिने सबै विवरण छोटो समयमा जापानी भाषामा कुराकानी गर्न, सिक्न चाहने विधार्थीको लागि उत्कृष्ट भएको कारण, अहिले पनि देशभित्र मात्र नभएर विदेशमा पनि उत्तिकै व्यापक रुपमा प्रयोग हुँदै आइरहेको छ ।

हालैका दिनहरुमा, जापानी भाषा शिक्षा बृहत रुपमा विविधता हुँदै आइरहेको छ । अन्तर्राष्ट्रिय सम्बन्धको विकास संगसंगै, विभिन्न देश र व्यक्तिसंगको सम्बन्धको विकासमा प्रगाढ हुँदै, विभिन्न पृष्ठभुमि र लक्ष्य बोकेका विदेशीहरुलाई जापानी समाजले पनि स्वीकार गर्दै आइरहेका छन् । यस प्रकार विदेशीहरुको वृद्धि संगै, जापानी भाषा शिक्षाको सामाजिक परिवेशमा भएका परिवर्तन तथा क्षेत्र अनुसारको जापानी भाषा शिक्षाको क्षेत्रमा पारेको प्रभाव र अध्ययनको आवश्यकता अनुसार विविधिकरण, जस्ता आवश्यकतालाई व्यक्ति विशेष अनुकूलताको खोजी भईरहेको बुझ्न सकिन्छ ।

यस खालको समय सापेक्षमा, हाम्रो कम्पनी थ्री ए नेटवर्कले स्वदेश तथा विदेशमा धेरै बर्षदेखि निरन्तर जापानी भाषाको शिक्षा नीतिलाई कार्यान्वयनमा सरिक धेरै व्यक्तित्वहरुको राय र सुझावलाई मनन गर्दै『मिन्नानो निहोन्गो』प्रकाशन गरियो अर्थात्『मिन्नानो निहोन्गो』ले『सिन निहोन्गोनो किसो』को सरल विशेषता, विषय र पढ्ने तरिकाहरुको मर्मलाई कायम राखि, संवादको दृश्य र पात्र ईत्यादी, प्रशिक्षार्थीहरुको विविधितालाई सुहाउने जवाफका साथ, अझै बहु उपयोगी गराउँदै, देशभित्र र बाहिरका विभिन्न प्रशिक्षार्थी र विभिन्न क्षेत्रको विशेषतालाई असर नपर्ने गरी, जापानी भाषाको अध्ययन रमाईलो गर्दै अगाडी बढ्न सकियोस् भनेर बिषयवस्तुलाई सुधार र विकास गरिएका छन् ।

『मिन्नानो निहोन्गो』ले कार्यालयदेखि परिवार, विद्यालय, सामाजिक क्षेत्र लगायतका ठाउँहरुमा तुरुन्तै जापानी भाषामा संवादको आवश्यकता पर्ने सबै विदेशीहरुलाई लक्षित गरेका छन् । प्राथमिक स्तरको पाठ्य-पुस्तक भएतापनि, समावेश गरेका विदेशी र जापानी पात्रहरुसंगको अन्तरक्रिया, सकेसम्म जापानको वर्तमान अवस्था र सामाजिक परिवेश, दैनिकीलाई प्रतिविम्वित हुने गरी राखिएका छन् । मुख्यतः सामान्य कर्मचारीलाई लक्षित गरिएको भएतापनि, उच्चशिक्षा प्रवेशिका तयारी पाठ्यक्रम, अथवा व्यवसायिक विश्वविद्यालयहरुको छोटो अवधिका गहन पाठ्यक्रम (कोचिङ पाठ्यक्रम) को लागि पनि सिफारिस गर्न सकिने पुस्तक हो ।

अझै फेरि, हाम्रा कम्पनीले प्रशिक्षार्थीको विविध आवश्यकताको परिपूर्ति गर्ने हेतुले, यस पछि पनि निरन्तर पाठ्य पुस्तकलाई सक्रिय रुपमा प्रकाशित गर्दै जाने वाचा सहित, यहाँहरुको अपरिवर्तनिय माया र साथ-सहयोगको लागि अनुरोध गर्दछौं ।

अन्तमा, यस पुस्तकको सम्पादनका क्रममा प्राप्त चौतर्फी राय-सुझाव, तथा कक्षामा अभ्यासको लागि प्रयोग आदिका माध्यमबाट विभिन्न सहयोग प्राप्त भयो । त्यसको लागि तपाईंहरु सबैप्रति हार्दिक कृतज्ञता व्यक्त गर्न चाहन्छौं । आउँदा दिनहरुमा पनि थ्रि ए नेटवर्कले जापानी भाषा पाठ्य-पुस्तकको प्रकाशन ईत्यादिको माध्यमबाट, व्यक्ति-व्यक्तिबिचको परस्पर सम्बन्धलाई संसारभर फैलाउँदै जान चाहन्छौं ।

तपाईंहरुको साथ-समर्थन र प्रोत्साहनको लागि फेरि पनि अनुरोध गर्दछौं ।

इवाओ ओगावा
अध्यक्ष र सी ई-ओ थ्री ए नेटवर्क
सन् १९९८ मार्च

# प्रस्तावना दोस्रो संस्करण

『मिन्नानो निहोन्गो स्योक्यु』(दोस्रो संस्करण) प्रकाशन सम्बन्धी

『मिन्नानो निहोन्गो स्योक्यु दोस्रो संस्करण』प्रकाशन गर्ने निर्णय गरियो । 『मिन्नानो निहोन्गो स्योक्यु』 प्रस्तावनामा उल्लेख गरिए जस्तै, प्राविधिक प्रशिक्षार्थीहरुको लागि विकास गरिएको र 『सिन निहोन्गो किसो』 को भगिनी संस्करण भन्नु उपयुक्त हुनेछ ।

यस पुस्तकको पहिलो संस्करण सन् १९९८ मार्चमा भएको हो । जुन बखत, अन्तर्राष्ट्रिय सम्बन्धको बिकाससंगै, जापानी भाषा शिक्षा सम्बन्धी सामाजिक परिवेश पनि परिवर्तन भई तीव्र रुपमा वृध्दि भएका प्रशिक्षार्थी र तिनका उद्देश्य, साथै आवश्यकताको उल्लेखनिय विविधिकरण भएसंगै ती सबैको अलग-अलग मागहरु बढ्न थालिएको थियो । थ्री ए नेटवर्कले देश भित्र र बाहिरको जापानी भाषा शिक्षाको क्षेत्रबाट बटुलेका अनुभव र अनुरोधलाई मध्यनजर लगाई 『मिन्नानो निहोन्गो स्योक्यु』लाई प्रकाशनमा ल्याइयो ।

『मिन्नानो निहोन्गो स्योक्यु』ले विषय र अध्ययन गर्ने तरिकाको सरलिकरण, प्रशिक्षार्थीहरुको विविधिकरणलाई ध्यानमा राखि बहु उपयोगी तथा शिक्षण सामग्रीका रुपमा पर्याप्त विवरणहरु समावेश गरी, छोटो र छिटो जापानी भाषाको संवाद सिक्न उत्कृष्ट र प्रभावशाली पुस्तकका रुपमा १० वर्षभन्दा बढि समय देखि प्रयोग हुँदै आइरहेको छ । तर भाषा आफैं समय संगसंगै परिवर्तनशील हो । यस बिचमा विश्व अनि जापान पनि अशान्त भित्रनै रुमलिरहयो । बिशेषगरी केहि बर्षदेखि जापानी भाषा प्रशिक्षार्थीहरुको वरिपरिको अबस्थामा ठूलो परिवर्तन भयो ।

यसप्रकारका अवस्थालाई आधार मानेर, यसपटक हाम्रो कम्पनीले विदेशीहरुको लागि जापानी शिक्षामा योगदान हेतु, प्रकाशन र प्रशिक्षण परियोजनाहरुको अनुभव, तथा प्रशिक्षार्थी र शैक्षिक क्षेत्रबाट संकलित सबै राय र सुझाव प्रश्नहरुको जवाफी प्रकाशनको रुपमा 『मिन्नानो निहोन्गो स्योक्यु I · II』लाई पुनरावलोकन गरी आंशिक संशोधन गरिएको छ ।

संशोधनका मुख्य आधार, शैक्षिक परिचालन क्षमताको सुधार र समयसंग मेल नखाने शब्द या परिदृश्यको परिवर्तन रहेको छ । प्रशिक्षार्थीहरु र शैक्षिक क्षेत्रको रायलाई सम्मान गर्दै अहिलेसम्मको「पढ्न सजिलो सिकाउन सजिलो」पुस्तकको मूल संरचनालाई यथावत राख्दै, अभ्यास वा प्रश्नोत्तरको मात्रालाई उल्लेख्य रुपमा बढाईएको छ । निस्क्रिय भई केवल निर्देशन अनुसार मात्र अभ्यास गर्ने नभई, स्वयं सेरोफेरोको अवस्थाको जानकारी लिई, विचार गरी अभिव्यक्त गर्न अभिप्रेरित दिने काममा जोड दिईएको छ । त्यसको लागि, उल्लेख्य मात्रामा चित्र प्रयोग गरिएको छ ।

तसर्थ, यस पुस्तकको संकलनको सन्दर्भमा प्राप्त हरेक क्षेत्रको राय, कक्षामा अभ्यास पुस्तिकाको रुपमा प्रयोग आदि, अनगिन्ती सहयोगको लागि हार्दिक धन्यवाद व्यक्त गर्न चाहन्छौं । यस कम्पनीले आउँदा दिनहरुमा पनि जापानी भाषा प्रशिक्षार्थीहरुका लागि आवश्यक कम्यूनिकेशन (सञ्चार) मा मात्र नभई व्यक्तिहरुबिच अन्तर्राष्ट्रिय गतिविधिहरुमा पनि योगदान गर्न सक्ने सामग्रीहरुको बिकास गरी, सरोकारवालाहरु लाभान्वित हुने

छन् भन्ने आशा लिईएको छ । साथै भविष्यमा पनि यहाँहरुको समर्थन र रचनात्मक सुझावको अपेक्षा गर्दछौं ।

ताकुजी कोवायासी

अध्यक्ष

श्री ए नेटवर्क कम्पनी

सन् २०१२ जून

# यस पुस्तक प्रयोगकर्ताहरुका लागि

## I. संरचना

『**मिन्नानो निहोन्गो स्योक्यु I दोस्रो संस्करण**』मा『**यस पुस्तकमा (संलग्न सि डी)**』『**अनुवाद र व्याकरण व्याख्या**』अनुसार बनाईएको छ ।『अनुवाद र व्याकरण व्याख्या』अंग्रेजी भाषाबाट शुरु गरी अन्य १२ भाषामा छाप्ने योजना गरिएको छ ।

यस पुस्तकमा जापानी भाषाबाट कुरा गर्नु, सुन्नु, पढ्नु, लेख्नुका चार कौशलहरु सिक्न सक्ने लक्ष्य गरेर संरचना गरिएको छ । तर हिरागाना, काताकाना र खान्जी इत्यादि अक्षरहरु पढ्ने, लेख्ने तरिका『यस पुस्तक』『अनुवाद र व्याकरण व्याख्या』समावेश गरिएको छैन ।

## II. विवरण

### १. यस पुस्तक

**१) जापानी भाषाको उच्चारण**

जापानी भाषाको उच्चारणमा, ध्यान दिनुपर्ने कुराहरुमा, मुख्य उदाहरण समाविष्ट गरिएको छ ।

**२) कक्षाको भाषा, हरेक दिनको अभिवादन र संवाद अभिव्यक्ति, अंक**

कक्षामा प्रयोग हुने भाषा, हरेक दिनका आधारभूत अभिवादनहरु राखिएको छ ।

**३) यस पाठ**

पाठ १ देखि पाठ २५ सम्म तलका विवरण अनुसार विभाजित गरिएको छ ।

**(१) वाक्यको संरचना**

पाठ अनुसार अध्ययन गर्ने आधारभूत वाक्य संरचना प्रकाशित गरिएको छ ।

**(२) वाक्यको उदाहरण**

आधारभूत वाक्य संरचना वास्तवमा कसरी प्रयोग गरिएको छ, छोटो संवादको रुपमा देखाइएको छ । साथै नयाँ क्रिया-विशेषण र संयोजकको प्रयोग गर्ने तरिका या आधारभूत वाक्य संरचना बाहेक अध्ययनको मुख्य भाग देखाइएको छ ।

**(३) संवाद**

संवादमा जापानमा जीवनयापन गरिरहेका विदेशीहरु समावेश गरी विभिन्न अवस्थाहरु देखाएका छन् । हरेक पाठमा विवरणहरु थपि हरेक दिन प्रयोग गर्ने अभिवादनहरु इत्यादि अभिव्यक्तिहरु प्रयोग गरी संरचना गरिएको छ ।

समय भएमा『अनुवाद र व्याकरण व्याख्या』भित्रको शब्दावलिका सन्दर्भ उपयोग गरी संवादमा विकशित गर्दै लान सकिन्छ ।

**(४) अभ्यास**

अभ्यास A, B, C का तीन चरणमा छुट्याइएको छ ।

अभ्यास A मा, व्याकरणीय बनावटलाई बुझ्न सजिलो हुने, देखिने गरी प्रकाशन गरिएको छ । मुख्य रुपमा वाक्य संरचना स्थापना गर्न, संयोजक बनाउने तरिका, जोड्ने तरिका इत्यादि पढ्न

सजिलो होस् भनि विचार गरिएको छ ।

अभ्यास B मा, विभिन्न अभ्यासको रुपहरु ल्याइएको छ । आधारभूत वाक्य स्थापना गर्न जोड दिइएको छ । (➡) यस्तो चिन्हले, चित्रको अभ्यास भनेर वर्णन गराउँदछ ।

अभ्यास C मा, संवादलाई अझ राम्रो गराउने अभ्यास हो । प्रस्तुत गरिएका संवादमा रेखाङ्कन गरिएको शब्दले अवस्था संग मेल खाने अर्को शब्द राखेर संवाद गर्छ । तसर्थ यसलाई प्रतिस्थापित साधारण अभ्यास मात्र नगराई, कसरी शब्दलाई प्रतिस्थापित नगराउने भन्ने प्रयास गरिएको छ । त्यसको लागि, एउटा चित्रबाट अध्ययन गरेका फरक संवादका उदाहरणको स्वतन्त्र अनुमान लगाउने राम्रो अभ्यास रहेको छ ।

साथै, अभ्यास B, अभ्यास C को उत्तरको उदाहरणलाई, अर्को संग्रहमा संकलित छ ।

**(५) अभ्यास प्रश्न**

अभ्यास प्रश्नमा सुन्ने प्रश्न, व्याकरण प्रश्न तथा पढ्ने प्रश्नहरु छन् । सुन्ने प्रश्नमा छोटो प्रश्नको उत्तर दिने, छोटो संवाद गरेर मुख्य कुरा थाहा पाउने प्रश्न छन् । व्याकरण प्रश्नमा, शब्द वा व्याकरणको बारेमा बुझेर पुष्टिकरण गर्ने । पढ्ने अभ्यासमा पहिला पढेको शब्द, व्याकरणको प्रयोग गरिएको साधारण वाक्य पढी, त्यसको विवरण संग सम्बन्धित बिभिन्न खालका कार्य गर्छ ।

**(६) समीक्षा**

हरेक पाठ अनुसार पढ्ने विवरणको मुख्य बिन्दुलाई मिलाउनको लागि तयारी गरिएको छ ।

**(७) क्रियाविशेषण–संयोजक र संवाद अभिव्यक्तिका सारांश**

यस पुस्तकमा तयार पारिएका क्रियाविशेषण-संयोजक र संवादका अभिव्यक्तिहरु मिलाउनको लागि अभ्यास तयार गरिएको छ ।

**४) क्रियाको स्वरुप**

यस पुस्तकमा प्रस्तुत गरिएको क्रियाको स्वरुपको बारेमा पछाडी आउने वाक्यलाई संकलन गरेर राखिएको छ ।

**५) अध्ययनको मुख्य सूची**

पुस्तकमा दिइएको अध्ययनको मुख्य सूचीको अभ्यास A लाई मुख्य रुपमा मिलाईएको छ । वाक्य संरचना, वाक्यको उदाहरण तथा अभ्यास B, अभ्यास C संग सम्बन्ध थाहा हुने गरी राखिएको छ ।

**६) सूची**

「कक्षाको भाषा」「हरेक दिनको अभिवादन र संवाद अभिव्यक्ति」तथा हरेक पाठको नयाँ शब्द, अभिव्यक्ति जस्ता बिभिन्न पहिलो पटक आएको सामग्रीहरु राखिएको छ ।

**७) संलग्न सी डी**

यस पुस्तकको सी डी मा, हरेक पाठको संवाद, सुन्ने अभ्यासको अंश रेकर्ड राखिएको छ ।

## २. अनुवाद र व्याकरण व्याख्या

**१)** जापानी भाषाको बिशेषता, जापानी भाषाको अक्षर, जापानी भाषाको उच्चारणको बारेमा व्याख्या

**२)** कक्षाको भाषा, हरेक दिनको अभिवादन अभिव्यक्तिको अनुवाद

**३)** पाठ १ देखि पाठ २५ सम्मको

**(१)** पाठमा आएको नयाँ शब्द र त्यसको अनुवाद

(२) वाक्यको संरचना, वाक्यको उदाहरण, संवादको अनुवाद

(३) त्यस पाठको अध्ययन गर्नको लागि काम लाग्ने सान्दर्भिक शब्द र जापानको अवस्थासंग सम्बन्धित बिषयको साधारण परिचय

(४) वाक्यको संरचना तथा अभिव्यक्तिसंग सम्बन्धित व्याकरण व्याख्या

४) अंक, समयको अभिव्यक्ति, अवधि जनाउने तरिका, गणना प्रत्यय, क्रियाको समन्वय ईत्यादीको सारांश

## III. अध्ययनको लागि चाहिने समय

एउटा पाठको लागि ४~६ घन्टा, पूरा अध्ययनको लागि १५० घण्टा अनुमान गरिएको छ ।

## IV. शब्द

दैनिक जीवनमा बढी प्रयोग हुने मुख्य १,००० जति शब्दहरु राखिएको छ ।

## V. खान्जीको प्रयोग

खान्जी मुख्य रुपमा, नियमित प्रयोगको लागि「सन् १९८१बर्षको मन्त्रीमण्डलबाट घोषणा गरिएको (ज्योयो खान्जी चार्ट)」अनुसार छानिएको छ ।

१)「熟字訓(じゅくじくん)」(दुई भन्दा बढी खान्जी जोडिएर बनेको खान्जी, बिशेष पढ्ने तरिका),「ज्योयो खान्जी सूची」को अनुसूचीअनुसार लेखिएको खान्जी छन् ।

उदाहरण: 友達(ともだち) साथी　果物(くだもの) फलफूल　眼鏡(めがね) चस्मा

२) देशको नाम, ठाँउको नाम इत्यादि जनाउने संज्ञा, तथा, कला-संस्कृति इत्यादि बिशेष क्षेत्रको शब्दमा,「ज्योयो खान्जी」मा नभएको खान्जी र उच्चारण प्रयोग गरिएको छ ।

उदाहरण: 大阪(おおさか) ओसाका　奈良(なら) नारा　歌舞伎(かぶき) खाबुकी

३) पढ्न सजिलोको लागि ध्यान दिई, खान्जीमा लेखेको शब्दलाई खानागाकी (हिरागानामा लेखेको) गरेका पनि छन् ।

उदाहरण: ある（有(あ)る・在(あ)る） छ · अस्तित्व　たぶん（多分(たぶん)） शायद
きのう（昨日(きのう)） हिजो

४) अंकलाई मुख्य रुपमा अरबी अंकको प्रयोग गरिएको छ ।

उदाहरण: 9時(じ) ९ बजे　4月1日(がつついたち) अप्रिल १ तारिख　1つ(ひと) १ वटा

## VI. अन्य

**१)** वाक्यमा छोट्याउने वाक्यांशलाई [  ] मा राखिएको छ ।

उदाहरण:  父は 54[歳]です。  बुबा ५४ [बर्ष] हो ।

**२)** अर्को उच्चारण छ भने (  ) मा राखिएको छ ।

उदाहरण:  だれ(どなた)  को

# यस पुस्तकको प्रभावकारी उपयोग

## १. शब्दहरु सम्झिनु

『अनुवाद र व्याकरण व्याख्या』को हरेक पाठमा नयाँ शब्द समावेश गरिएको छ । पुस्तकमा आएको नयाँ शब्दको प्रयोग गरी छोटो वाक्य बनाउने अभ्यास गर्दै सम्झनुहोस् ।

## २. वाक्यको संरचनाको अभ्यास गर्नु

वाक्य संरचनाको ठिक अर्थ बुझी, वाक्य संरचना ठिकसंग नबुझेसम्म स्वर निकालेर「अभ्यास A」,「अभ्यास B」गर्दै अभ्यास गर्नुहोस् ।

## ३. संवादको अभ्यास गर्नु

「अभ्यास C」एक साथ राखिएको छोटो संवाद हो । वाक्यको नमुनाको अभ्यासले मात्र अन्त्य नगरी, पछि लामो संवादको लागि अभ्यास गर्नुहोस् ।
「संवाद」मा दैनिक जीवनमा साँच्चै नै आकस्मिक भेट हुँदा सामना गर्ने संवादहरु राखिएको छ । सी डी सुन्दै वास्तवमै अभिनय गर्दा, स्वाभाविक रुपमा मिलाएर संवाद गर्न सक्नु हुन्छ होला ।

## ४. पुष्टि गर्नु

हरेक पाठको अध्ययन सकेपछि त्यस पाठको सम्पूर्ण「अभ्यास प्रश्न」छन् । ठिक तरिकाले बुझेको छ छैन「अभ्यास प्रश्न」ले पुष्टि गर्नुहोस् ।

## ५. साँच्चै कुरा गरेर हेर्ने

जापानी भाषा प्रयोग गरी जापानीसंग कुरा गरेर हेर्नुहोस् । अध्ययन गरेका भाषा तुरुन्तै प्रयोग गरेर हेर्ने । त्यो नै प्रगतिको छोटो बाटो हो ।

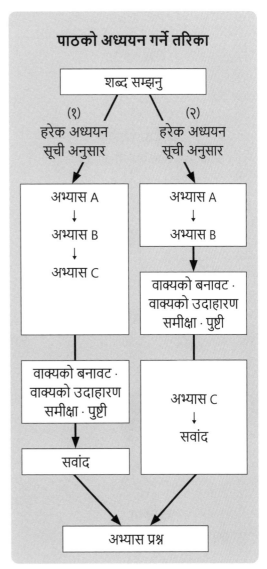

(१) वा (२) को श्रृङ्खला अनुसार अध्ययन गर्छ ।
अध्ययन सूची चाहिँ पुस्तकको अन्तिमम अध्ययनको मुख्य सूची तालिका हेर्नुहोस् ।

# पात्रहरु

**माईक मिलर**
अमेरिकन, आई एम सी को कर्मचारी

**सातो केईको**
जापानी, आई एम सी को कर्मचारी

**जोयोजे सन्तोष**
ब्राजिलीयन, ब्राजिल बिमानको कर्मचारी

**मारिया सन्तोष**
ब्राजिलीयन, गृहिणी

**करिना**
ईण्डोनेशियाली, फूजि बिश्वविद्यालयको बिद्यार्थी

**वाङ्ग स्युय**
चिनियाँ, कोबे अस्पतालको चिकित्सक

**यामादा ईचिरो**
जापानी, आई एम सी को कर्मचारी

**यामादा तोमोको**
जापानी नागरिक, बैंक कर्मचारी

**माचुमोतो तादासी**
जापानी,
आई एम सी को बिभाग कर्मचारी

**माचुमोतो योसिको**
जापानी, गृहिणी

**किमुरा ईजुमी**
जापानी, उद्घोषक

**जोन वाट्ट**
ब्रिटिस नागरिक,
साकुरा विश्वविद्यालयको प्राध्यापक

**कार्ल स्मिथ**
जर्मनी,
पावर ईलेक्ट्रिक कम्पनीको ईन्जिनियर

** लि जिन जू**
कोरियन,
ए के सीको अनुसन्धान कर्मचारी

**तेरेजा सन्तोष**
ब्राजिलियन, विद्यार्थी केटी (९ बर्ष)
जोयोजे र मारिया सन्तोषको छोरी

**यामादा तारोउ**
जापानी, विद्यार्थी केटा (८ बर्ष)
ईचिरो र तोमोको यामादाको छोरा

**गुप्ता**
ईन्डियन, आई एम सी को कर्मचारी

**थावापोन**
थाइ नागरिक, जापानी भाषाको विद्यार्थी

※**IMC** (कम्प्युटर सफ्टवेयर कम्पनी)
※**AKC** (アジア研究センター : एसीया रीसर्च ईन्स्चिटयुट)

# बिषय सूची

## पाठ १ ······ 10

**I . शब्दावली**

**II . अनुवाद**

वाक्यको संरचना र वाक्यको उदाहरण

संवादः

**नमस्ते**

**III. उपयोगी शब्द र जानकारी**

**देश नागरिक र भाषा**

**IV. व्याकरण व्याख्या**

१. संज्ञा$_{१}$は संज्ञा$_{२}$です

२. संज्ञा$_{१}$は संज्ञा$_{२}$じゃ(では) ありません

३. संज्ञा$_{१}$は संज्ञा$_{२}$ですか

४. संज्ञा も

५. संज्ञा$_{१}$の संज्ञा$_{२}$

६. ～さん

## पाठ २ ······ 16

**I . शब्दावली**

**II . अनुवाद**

वाक्यको संरचना र वाक्यको उदाहरण

संवादः

**अबबाट हजुरको सहयोगको अपेक्षा गर्छु**

**III. उपयोगी शब्द र जानकारी**

**पारिवारिक नाम**

**IV. व्याकरण व्याख्या**

१. これ／それ／あれ

२. この संज्ञा／その संज्ञा／あの संज्ञा

३. そうです

४. ～か、～か

५. संज्ञा$_{१}$の संज्ञा$_{२}$

६. संज्ञाको प्रतिस्थापन गर्दा の

७. お～

८. そうですか

# जापानी भाषाको विशेषता

**१. पदवर्ग (बोली भागहरु)**

जापानी पदवर्ग भनेका क्रिया, विशेषण, संज्ञा, क्रियापद, संयोजक, विभक्ति र अन्य बोली भागहरुको रचना हो ।

**२. शब्द क्रम**

जापानी भाषामा विधेयहरु सधै वाक्यको अन्त्यमा आउँछन । परिमार्जकहरु सधै संशोधित शब्दको अगाडी देखा पर्छन् ।

**३. विधेय**

जापानी भाषाको विधेय हुनको लागि क्रिया, विशेषण, नाम + です（だ）हुनुपर्छ ।

विधेय, सकारात्मक वा नकारात्मक, भूत वा भूत नभएको अनुसार परिवर्तन हुन्छन् । तिनीहरु व्यक्ति, लिङ्ग वा अंकमा परिवर्तन हुँदैनन् ।

**४. विभक्ति**

विभक्ति शब्द वा वाक्यको अन्त्यमा प्रयोग हुन्छन् । तिनीहरुले शब्द बिचको सम्बन्धलाई जनाउँछन् र विभिन्न अर्थ जोड्छन् ।

**५. छोटकरी**

बिषय वा वस्तु प्रसङ्गले बुझ्दा छोटिन्छन् ।

# जापानी भाषा लेखाई

जापानी भाषामा तीन प्रकारका लिपीहरु छन्: हिरागाना, काताकाना र खान्जी (चीनिया वर्ण) ।

हिरागाना र काताकाना शुद्धआवाज प्रतिनिधित्व गर्ने ध्वन्यात्मक प्रतीक हुन् भने खान्जी विचारधारा जनाउने अर्थ साथै ध्वनी हो ।

सधैंजसो जापानी भाषा हिरागाना, काताकाना र खान्जीसंग संयोजन गरी लेखिन्छ । विदेशी नामहरु र आगन्तुक शब्दहरु लेख्न काताकाना प्रयोग गरिन्छ । हिरागाना कण, क्रिया र विशेषणको व्यवहारिक र व्याकरणीय प्रतिनिधित्वको लागि प्रयोग गरिन्छ ।

साथै, रोमन लिपी विदेशीहरूको सुविधाको लागि प्रयोग गरिन्छ (रेल स्टेशनका नामहरु)

यहाँ चार प्रकारक लिपीका उदाहरण छन्:

| 田中 | さん | は | ミラー | さん | と | デパート | へ | 行 | きます。 |
|---|---|---|---|---|---|---|---|---|---|
| ○ | □ | □ | △ | □ | □ | △ | □ | ○ | □ |

तानाका जी मिलर जी संग डिपार्टमेन्ट स्टोर जाँदै हुनुहुन्छ ।

| 大阪 | Osaka |
|---|---|
| ○ | ☆ |

(○ – खान्जी　□ – हिरागाना　△ – काताकाना　☆ – रोमन)

# परिचय

## I. जापानी भाषाको उच्चारण

### १. काना र मोरा(ताल)

तल देखाईए अनुसार जापानी भाषा कानामा ध्वन्यात्मक तरिकाले लेख्न सकिन्छ ।

'मोरा' एक जापानी भाषाको काना एक अक्षर (वा दुई अनुबन्ध आवाज [यो-अन; YO-ON]) को लम्बाई बराबरको ध्वनीको एकाई हो ।

जापानी भाषा पाँच स्वर वर्णमा आधारित छ: あ(a), い(i), う(u), え(e), お(o) हो । जुन चाहिँ एक्लै यात अगाडी व्यञ्जनवर्ण संलग्न (जस्तै: क k+आ a =か) अथवा व्यञ्जनवर्ण प्लस अर्ध स्वर 'y' (जस्तै: क k+य y+आ a = きゃ) (ん चाहिं अपवाद हो, जसले स्वरवर्णलाई पालन गर्दैन) छन् । यी सबै स्वरहरु लगभग एउटै लम्बाइमा उच्चारण गरिन्छ ।

जस्तै:

あ ア a

- あ — हिरागाना
- ア — काताकाना
- a — रोमन

| | あ－स्तम्भ | い－स्तम्भ | う－स्तम्भ | え－स्तम्भ | お－स्तम्भ |
|---|---|---|---|---|---|
| あ－पङ्क्ति | あ ア<br>a | い イ<br>i | う ウ<br>u | え エ<br>e | お オ<br>o |
| か－पङ्क्ति | か カ<br>ka | き キ<br>ki | く ク<br>ku | け ケ<br>ke | こ コ<br>ko |
| さ－पङ्क्ति | さ サ<br>sa | し シ<br>shi | す ス<br>su | せ セ<br>se | そ ソ<br>so |
| た－पङ्क्ति | た タ<br>ta | ち チ<br>chi | つ ツ<br>tsu | て テ<br>te | と ト<br>to |
| な－पङ्क्ति | な ナ<br>na | に ニ<br>ni | ぬ ヌ<br>nu | ね ネ<br>ne | の ノ<br>no |
| は－पङ्क्ति | は ハ<br>ha | ひ ヒ<br>hi | ふ フ<br>fu | へ ヘ<br>he | ほ ホ<br>ho |
| ま－पङ्क्ति | ま マ<br>ma | み ミ<br>mi | む ム<br>mu | め メ<br>me | も モ<br>mo |
| や－पङ्क्ति | や ヤ<br>ya | (い イ)<br>(i) | ゆ ユ<br>yu | (え エ)<br>(e) | よ ヨ<br>yo |
| ら－पङ्क्ति | ら ラ<br>ra | り リ<br>ri | る ル<br>ru | れ レ<br>re | ろ ロ<br>ro |
| わ－पङ्क्ति | わ ワ<br>wa | (い イ)<br>(i) | (う ウ)<br>(u) | (え エ)<br>(e) | を ヲ<br>o |
| | ん ン<br>n | | | | |

| | | |
|---|---|---|
| きゃ キャ<br>kya | きゅ キュ<br>kyu | きょ キョ<br>kyo |
| しゃ シャ<br>sha | しゅ シュ<br>shu | しょ ショ<br>sho |
| ちゃ チャ<br>cha | ちゅ チュ<br>chu | ちょ チョ<br>cho |
| にゃ ニャ<br>nya | にゅ ニュ<br>nyu | にょ ニョ<br>nyo |
| ひゃ ヒャ<br>hya | ひゅ ヒュ<br>hyu | ひょ ヒョ<br>hyo |
| みゃ ミャ<br>mya | みゅ ミュ<br>myu | みょ ミョ<br>myo |
| りゃ リャ<br>rya | りゅ リュ<br>ryu | りょ リョ<br>ryo |

| | | | | | |
|---|---|---|---|---|---|
| が－पङ्क्ति | が ガ<br>ga | ぎ ギ<br>gi | ぐ グ<br>gu | げ ゲ<br>ge | ご ゴ<br>go |
| ざ－पङ्क्ति | ざ ザ<br>za | じ ジ<br>ji | ず ズ<br>zu | ぜ ゼ<br>ze | ぞ ゾ<br>zo |
| だ－पङ्क्ति | だ ダ<br>da | ぢ ヂ<br>ji | づ ヅ<br>zu | で デ<br>de | ど ド<br>do |
| ば－पङ्क्ति | ば バ<br>ba | び ビ<br>bi | ぶ ブ<br>bu | べ ベ<br>be | ぼ ボ<br>bo |
| ぱ－पङ्क्ति | ぱ パ<br>pa | ぴ ピ<br>pi | ぷ プ<br>pu | ぺ ペ<br>pe | ぽ ポ<br>po |

| | | |
|---|---|---|
| ぎゃ ギャ<br>gya | ぎゅ ギュ<br>gyu | ぎょ ギョ<br>gyo |
| じゃ ジャ<br>ja | じゅ ジュ<br>ju | じょ ジョ<br>jo |
| びゃ ビャ<br>bya | びゅ ビュ<br>byu | びょ ビョ<br>byo |
| ぴゃ ピャ<br>pya | ぴゅ ピュ<br>pyu | ぴょ ピョ<br>pyo |

दायाँ तिरको बाकसमा भएको काताकाना अक्षरहरु माथिको तालिकामा छैनन् । तिनीहरु ध्वनी लेख्न प्रयोग हुन्छन्, जुन चाहिँ ठेट जापानी आवाज होइनन् तर आगन्तुक शब्दहरुको प्रयोगको लागि चाहिन्छ ।

| | | | | |
|---|---|---|---|---|
| | ウィ wi | | ウェ we | ウォ wo |
| | | | シェ she | |
| | | | チェ che | |
| ツァ tsa | | | ツェ tse | ツォ tso |
| | ティ ti | トゥ tu | | |
| ファ fa | フィ fi | | フェ fe | フォ fo |
| | | | ジェ je | |
| | ディ di | ドゥ du | | |
| | | デュ dyu | | |

## २. लामो स्वर वर्ण

जापानी भाषामा छोटो स्वर वर्ण あ, い, う, え, お पाँच वटा छन्, यी छोटा स्वरवर्णलाई लम्बाएर बोलिने आवाजलाई लामो स्वर वर्ण भनिन्छ ।

छोटो स्वर वर्णमा एक मोरा हुन्छ भने लामो स्वर वर्णमा दुईवटा मोरा हुन्छन् ।

छोटो स्वर वर्ण वा लामो स्वर वर्णले गर्दा शब्दको अर्थमा फरक पार्छ ।

जस्तै: おばさん(सानी मा) : おばあさん(हजुरआमा)
おじさん(सानो बा) : おじいさん(हजुर बुबा)
ゆき(हिउँ) : ゆうき(साहस)
え(चित्र) : ええ(हो)
とる(लिनु) : とおる(मार्फत जानु)
ここ(यहाँ) : こうこう(उच्च माध्यमिक विद्यालय)
へや(कोठा) : へいや(समतल)
カード(कार्ड)　タクシー(ट्याक्सी)　スーパー(सुपर मार्केट)
エスカレーター(एस्केलेटर)　ノート(नोट बुक, कापी)

[व्याख्या]

**१) हिरागानामा लामो स्वर वर्ण लेख्ने तरिका:**

あ-स्तम्भ, い-स्तम्भ, う-स्तम्भको स्वर लम्ब्याउन क्रमश:「あ」「い」「う」जोड्नु पर्छ ।

え-स्तम्भको स्वर लम्ब्याउनको लागि「い」जोड्नु पर्छ ।

(अपवाद: ええ(हो), ねえ(है), おねえさん(दिदी) आदि)

お-स्तम्भको को स्वर लम्ब्याउन को लागि「う」जोड्नु पर्छ ।

(अपवाद: おおきい(ठुलो), おおい(धेरै), とおい(टाढा) आदि)

**२) काताकानामा लामो स्वर लेख्ने तरिका:**

काताकानामा जुनसुकै उच्चारण लम्ब्याउन [ー] चिन्ह जोड्नु पर्छ ।

## ३. ん को उच्चारण

「ん」शब्दको शुरुवातमा आउँदैन । एक मोराको लामो आवाज हो ।

「ん」लाई सरल तरिकाले भन्न, यो पछि आउने आवाज अनुसार [n] [m] [ŋ] आदि को उच्चारण गरिन्छ ।

(१)「たपङ्क्ति」「だपङ्क्ति」「らपङ्क्ति」「なपङ्क्ति」बाट आवाज गर्न पहिले [n] को उच्चारण गरिन्छ ।

जस्तै: はんたい(विपरित)　うんどう(व्यायाम)　せんろ(मार्ग, ट्र्याक)
みんな(सबै, हरेक)

(२)「ぱपङ्क्ति」「ばपङ्क्ति」「まपङ्क्ति」बाट आवाज गर्न पहिले [m] को उच्चारण गरिन्छ ।

जस्तै: しんぶん(अखबार)　えんぴつ(सीसाकलम)　うんめい(भाग्य)

(३)「かपङ्क्ति」「がपङ्क्ति」बाट आवाज गर्न पहिले [ŋ] को उच्चारण गरिन्छ ।

जस्तै: てんき(मौसम)　けんがく(शैक्षिक भ्रमण)

## ४. っ को उच्चारण

「っ」भनेको एक मोरा को लामो आवाज हो र「か-पङ्क्ति」「さ-पङ्क्ति」「た-पङ्क्ति」「ぱ-पङ्क्ति」बाट आवाज हुन भन्दा पहिले देखिन्छ । जब आगन्तुक शब्द लेख्न प्रयोग हुन्छ, यो「ザ-पङ्क्ति」「ダ-पङ्क्ति」आदिको आवाज पहिले पनि प्रयोग हुन्छ ।

जस्तैः ぶか(आफु भन्दा तल काम गर्ने) : ぶっか(वस्तु भाउ)
かさい(आगो) : かっさい(प्रशंसा)
おと(आवाज) : おっと(लोग्ने)
にっき(दैनिकी) ざっし(पत्रिका) きって(हुलाक टिकट)
いっぱい(भरपुर) コップ(कप) ベッド(ओछयान)

## ५. अनुबन्ध आवाज [यो-अन; YO-ON]

पूर्ण आकार हिरागाना अक्षरसंग संयोजनमा सानो「ゃ」「ゅ」「ょ」हिरागाना अक्षर प्रयोग गरेर प्रतिनिधित्व आवाजलाई YO-ON (अनुबन्ध आवाज) भनिन्छ । दुई अक्षरहरु लेखिएको भएतापनि यी आवाज लामो मात्र एक मोरा हो ।

जस्तैः ひやく(उफ्रनु) : ひゃく(सय)
じゆう(स्वतन्त्रता) : じゅう(दश)
びよういん(ब्युटी पार्लर) : びょういん(अस्पताल)
シャツ(सर्ट) おちゃ(चिया) ぎゅうにゅう(दुध)
きょう(आज) ぶちょう(विभाग प्रमुख) りょこう(यात्रा)

## ६. が पङ्क्तिको उच्चारण

が पङ्क्तिको व्यञ्जन उच्चारण शब्दको शुरुमा आए [g (ग)] हुन्छ र अन्य ठाउँमा आउँदा [ŋ] तथापि, आजकल केहि मान्छेहरुले यी दुई [g] [ŋ] मा फरक नगरी सबैमा [g] को उच्चारण गर्छन् ।

## ७. कम्पन बिना आउने आवाजको स्वर

स्वरको [i] वा [u] कम्पन बिना आउने सानो स्वर को बिचमा आउँछ त्यसबेला कम्पन नआउने भएकोले आवाज नसुनिने हुन्छ ।「～です」「～ます」को अन्तिमको [u] पनि कम्पन नआउने भएकोले आवाज नसुनिने हुन्छ ।

जस्तैः すき(मन पर्नु) したいです(गर्न चाहनु) ききます(सुन्नु)

## ८. स्वर, उच्चारण (एक्सेन्ट)

जापानी भाषा उच्च र न्यून एक्सेन्ट भएको शब्द हो । एकै शब्द भित्र उच्च उच्चारण गर्ने मोरा र न्यून उच्चारण गर्ने मोरा हुन्छन् । एक्सेन्ट चार प्रकारका हुन्छन् र शब्दको अर्थ कसरी स्वरित हुन्छ, त्यही अनुसार परिवर्तन हुन्छ ।

स्तरिय एक्सेन्ट पहिलो मोरा र दोस्रो मोराको ध्वनीको उचाइमा फरक भइ, एक पटक न्यून भएमा फेरि उच्च नहुने विशेषता हुन्छ ।

एक्सेन्टको प्रकार

(१) समतल प्रकार (स्वर ध्वनीको न्यून उच्चारण हुँदैन)

जस्तै: にわ(बगैंचा) はな(नाक) なまえ(नाम) にほんご(जापानी भाषा)

(२) शुरुमा उच्च प्रकार (स्वर ध्वनीको पहिलो मोरा पछि उच्च उच्चारण)

जस्तै: ほん(किताब) てんき(मौसम) らいげつ(अर्को महिना)

(३) बीचमा उच्च प्रकार (स्वर ध्वनीको दोस्रो मोरा पछि उच्च उच्चारण)

जस्तै: たまご(अन्डा) ひこうき(हवाई जहाज) せんせい(शिक्षक, शिक्षिका)

(४) अन्तिम उच्च प्रकार (स्वर ध्वनीको अन्तिम मोरा पछि उच्च उच्चारण)

जस्तै: くつ(जुत्ता) はな(फुल) やすみ(बिदा) おとうと(भाई)

(१) को はな(नाक) र (४) को はな(फुल) समान हो तर पछाडी विभक्तिआएमा एक्सेन्टको प्रकार परिवर्तन हुन्छ, (१) को उच्चारण はなが, (४) को उच्चारण はなが हुन्छ । यसरी एक्सेन्टको प्रकार परिवर्तन भएमा अर्थ पनि परिवर्तन हुने उदाहरणहरु पनि तल लेखिएका छन् ।

जस्तै: はし(पुल) : はし(चपस्टिक) いち(एक) : いち(स्थिति, अवस्था)

साथै, एक्सेन्ट ठाउँ अनुसार पनि फरक हुन्छन् । उदाहरणका लागि ओसाका एक्सेन्ट र स्तरिय एक्सेन्टमा धेरै नै फरक हुन्छ । तल उदाहरणहरु पनि लेखिएका छन् ।

जस्तै: टोक्यो एक्सेन्ट : ओसाका एक्सेन्ट
(स्तरिय एक्सेन्ट)

| | | |
|---|---|---|
| はな | はな | (फुल) |
| りんご | りんご | (स्याउ) |
| おんがく | おんがく | (संगीत) |

## ९. स्वरको आरोह अवरोह (इन्टोनेसन)

स्वरको आरोह अवरोह (१) समतल (२) बढ्दो (३) घट्दो तीन प्रकारका हुन्छन् । प्रश्नले बढ्दो स्वर (इन्टोनेसन) लिन्छ । अरु वाक्य चाहिँ, प्राय समतल स्वर हुन्छ तर, सहमति वा निराशा आदि भावनात्मक वाक्यमा, घट्दो स्वर पनि हुन सक्छ ।

जस्तै: 佐藤(さとう)：　あした　友達(ともだち)と　お花見(はなみ)を　します。【→ समतल स्वर】
ミラーさんも　いっしょに　行(い)きませんか。【↗ बढ्दो】
ミラー：いいですね。【↘ बढ्दो】
सतोउ: भोलि साथीसंग चेरी (पैयुँ) फुल हेर्न जाँदैछु ।
मिलर जी पनि संगै जानुहुन्छ की ?
मिलर: ठिक हो है, हुन्छ ।

## II. कक्षाकोठाको भाषा

| | |
|---|---|
| १. 始(はじ)めましょう。 | शुरू गरौँ । |
| २. 終(お)わりましょう。 | अन्त्य गरौँ । |
| ३. 休(やす)みましょう。 | बिश्राम गरौँ । |
| ४. わかりますか。 | बुझ्नु भयो ? |
| ……はい、わかります。 | ......अँ बुझें । |
| いいえ、わかりません。 | अहँ बुझिन । |
| ५. もう 一度(いちど) [お願(ねが)いします]。 | फेरी एक पटक (कृपया) । |
| ६. いいです。 | ठिक छ । |
| ७. 違(ちが)います。 | गलत छ, फरक छ । |
| ८. 名前(なまえ) | नाम |
| ९. 試験(しけん)、宿題(しゅくだい) | जाँच, गृहकार्य |
| १०. 質問(しつもん)、答(こた)え、例(れい) | प्रश्न, उत्तर, उदाहरण |

## III. हरेक दिनको अभिवादन र अभिव्यक्ति

| | |
|---|---|
| १. おはよう ございます。 | शुभ प्रभात । |
| २. こんにちは。 | शुभ दिवा । |
| ३. こんばんは。 | शुभ संध्या । |
| ४. お休(やす)みなさい。 | शुभ रात्री । |
| ५. さようなら。 | फेरी भेटौंला । |
| ६. ありがとう ございます。 | धन्यवाद । |
| ७. すみません。 | माफ गर्नुहोला, क्षमा गर्नुहोला । |
| ८. お願(ねが)いします。 | कृपया गरिदिनुहोला । |

# निर्देशनको शब्द

| | |
|---|---|
| 第（だい）ー課（か） | पाठ– |
| 文型（ぶんけい） | वाक्यको संरचना |
| 例文（れいぶん） | वाक्यको उदाहरण |
| 会話（かいわ） | संवाद |
| 練習（れんしゅう） | अभ्यास |
| 問題（もんだい） | प्रश्न |
| 答（こた）え | उत्तर |
| 読（よ）み物（もの） | पढाई सामग्री |
| 復習（ふくしゅう） | समिक्षा |
| 目次（もくじ） | बिषय सूची |
| 索引（さくいん） | अनुक्रमणिका |
| 文法（ぶんぽう） | व्याकरण |
| 文（ぶん） | वाक्य |
| 単語（たんご）(語（ご）) | शब्द |
| 句（く） | वाक्यांश |
| 節（せつ） | उपवाक्य |
| 発音（はつおん） | उच्चारण |
| 母音（ぼいん） | स्वर वर्ण |
| 子音（しいん） | व्यन्जन वर्ण |
| 拍（はく） | ताल (मोरा) |
| アクセント | उच्चारण, सांकेटिक स्वर |
| イントネーション | स्वरको उतार चढाव, आरोह अवरोह |
| [か]行（ぎょう） | पङ्क्ति (रो) |
| [い]列（れつ） | स्तम्भ (कोलम) |
| 丁寧体（ていねいたい） | विनम्र शैली |
| 普通体（ふつうたい） | सामान्य शैली |
| 活用（かつよう） | प्रयोग |

| | |
|---|---|
| フォーム | फोर्म (स्वरुप) |
| ～形（けい） | ～स्वरुप |
| 修飾（しゅうしょく） | रुप परिवर्तन |
| 例外（れいがい） | अपवाद |
| 名詞（めいし） | संज्ञा |
| 動詞（どうし） | क्रिया |
| 形容詞（けいようし） | विशेषण |
| い形容詞（けいようし） | いविशेषण |
| な形容詞（けいようし） | なविशेषण |
| 助詞（じょし） | विभक्ति |
| 副詞（ふくし） | क्रियापद |
| 接続詞（せつぞくし） | संयोजक |
| 数詞（すうし） | अंक |
| 助数詞（じょすうし） | गणना प्रत्यय |
| 疑問詞（ぎもんし） | प्रश्नवाचक, पुछताछ |
| 名詞文（めいしぶん） | संज्ञा वाक्य |
| 動詞文（どうしぶん） | क्रिया वाक्य |
| 形容詞文（けいようしぶん） | विशेषण वाक्य |
| 主語（しゅご） | कर्ता |
| 述語（じゅつご） | विधेय (पूर्ण वाक्य) |
| 目的語（もくてきご） | कर्म |
| 主題（しゅだい） | बिषय |
| 肯定（こうてい） | सकारात्मक |
| 否定（ひてい） | नकारात्मक |
| 完了（かんりょう） | पूर्ण |
| 未完了（みかんりょう） | अपूर्ण |
| 過去（かこ） | भूत |
| 非過去（ひかこ） | भूत नभएको |

# प्रमुख प्रतीक र छोटकरीमा लेखिएका सन्देश

**शब्दावलीमा प्रयोग हुने चिन्ह (प्रतिकहरु)**

(१) ～मा शब्द या वाक्यांश आउँछ ।

जस्तै: ～から 来ました。 ～बाट आएँ ।

(२) −मा अङ्क आउँछ ।

जस्तै: −歳 −बर्ष

(३) छोटकरीमा बनाउन मिल्ने वाक्यांशलाई, [ ] यो कोष्ठक लगाइएको छ ।

जस्तै: どうぞ よろしく [お願いします]。

भेट्न पाएकोमा खुशी लाग्यो/कृपया (गरिदिनु होला) ।

(४) अरु प्रकार भन्ने तरिका (अभिव्यक्ति गर्ने तरिका) छ भने, ( ) यो कोष्ठक लगाइएको छ ।

जस्तै: だれ(どなた) को

(५) * लगाइएको शब्दचाहिँ त्यो पाठमा प्रयोग नभएको शब्द हो, तर सम्बन्धित शब्द भएकोले प्रयोग गरिएको छ ।

(६) 〈練習 C〉 अभ्यास C: अभ्यास C भागले पाठकोअभ्यास C मा प्रयोग हुने अभिव्यक्तिलाई प्रस्तुत गर्छ ।

(७) 〈会話〉 संवाद भागले पाठको संवाद प्रयोग हुने शब्द र अभिव्यक्तिलाई प्रस्तुत गर्छ ।

# पाठ १

## I. शब्दावली

| | | |
|---|---|---|
| わたし | | म |
| あなた | | तँ, तिमी, तपाईं |
| あの　ひと<br>（あの　かた） | あの　人<br>（あの　方） | त्यो मान्छे, त्यो व्यक्ति (あの　かた भनेको<br>あの　ひと को आदर गरेर भन्ने शब्द) |
| ～さん | | ～जी (कृतज्ञता जनाउन नामको पछाडि जोडिन्छ) |
| ～ちゃん | | (जापानी भाषामा वच्चालाई बोलाउंदा さん को<br>सट्टामा प्रयोग गरिन्छ) |
| ～じん | ～人 | ～नागरिक (जस्तै: アメリカじん) |
| せんせい | 先生 | शिक्षक, शिक्षिका (शिक्षकले आफूलाई भन्दा म<br>きょうし हो भन्छ せんせい भन्दैन) |
| きょうし | 教師 | शिक्षक, शिक्षिका, प्रशिक्षक |
| がくせい | 学生 | विद्यार्थी |
| かいしゃいん | 会社員 | कम्पनीको कर्मचारी |
| しゃいん | 社員 | –को कर्मचारी (कम्पनीको नाम संग प्रयोग<br>हुने, जस्तै: IMCの　しゃいん) |
| ぎんこういん | 銀行員 | बैंकको कर्मचारी |
| いしゃ | 医者 | चिकित्सक |
| けんきゅうしゃ | 研究者 | अनुसन्धानकर्ता |
| だいがく | 大学 | विश्वविद्यालय |
| びょういん | 病院 | अस्पताल |
| だれ（どなた） | | को (どなた भनेको だれ को आदर गर्ने शब्द) |
| –さい | –歳 | –बर्ष, उमेर |
| なんさい<br>（おいくつ） | 何歳 | कति बर्ष (おいくつ भनेको なんさい को<br>आदर गरेर भन्ने शब्द) |
| はい | | हुन्छ, हो |
| いいえ | | हुन्न, होइन |

## 〈練習C〉

初めまして。 — नमस्ते । (पहिलो भेटमा अभिवादन गर्ने शब्द, आफ्नो परिचय दिंदा सुरुमा प्रयोग गर्ने शब्द)

〜から 来ました。 — 〜बाट आए । (देश)

[どうぞ] よろしく [お願いします]。 — भेटेर खुशी लाग्यो । (प्रायः आफ्नो परिचय दिएर सकिए पछि अन्तिममा प्रयोग हुन्छ ।)

失礼ですが — माफ गर्नुहोला, तर (प्रायः कसैलाई व्यक्तिगत कुरा सोध्दा जस्तैः उसको नाम वा ठेगाना सोध्दा प्रयोग हुन्छ)

お名前は？ — शुभ नाम ?

こちらは 〜さんです。 — उहाँ 〜जी हुनुहुन्छ ।

---

| | |
|---|---|
| アメリカ | अमेरिका |
| イギリス | वेलायत |
| インド | इन्डिया |
| インドネシア | इन्डोनेसिया |
| 韓国 | कोरिया |
| タイ | थाइल्याण्ड |
| 中国 | चीन |
| ドイツ | जर्मनी |
| 日本 | जापान |
| ブラジル | ब्राजिल |
| | |
| IMC ／パワー電気／ブラジルエアー | काल्पनिक कम्पनीहरु |
| AKC | काल्पनिक संस्थान |
| 神戸病院 | काल्पनिक अस्पताल |
| さくら大学／富士大学 | काल्पनिक विश्वविद्यालयहरु |

## II. अनुवाद

### वाक्यको संरचना
१. म माईक मिलर हो ।
२. सन्तोष जी विद्यार्थी होइन ।
३. मिलर जी कर्मचारी हो ?
४. सन्तोष जी पनि कर्मचारी हो ।

### वाक्यको उदाहरण
१. [तपाईं] माईक मिलर जी हो ?
......हो, [म] माईक मिलर हो ।
२. मिलर जी विद्यार्थी हो ?
......होइन, [म] विद्यार्थी होइन ।
३. वान जी बैंक कर्मचारी हो ?
......होइन, [वान जी] बैंक कर्मचारी होइन । चिकित्सक हो ।
४. उहाँ को हो ?
......वात्तो जी हो । साकुरा विश्वविद्यालयको शिक्षक हो ।
५. गुप्ता जी कार्यालय कर्मचारी हो ?
......हो, कार्यालय कर्मचारी हो ।
करिना जी पनि कार्यालय कर्मचारी हो ?
......होइन, [करिना जी] विद्यार्थी हो ।
६. तेरेजा कति बर्ष हो ?
......९ बर्ष हो ।

### संवाद
नमस्ते

सातोउ: शुभ प्रभात् ।
यामादा: शुभ प्रभात् ।
सातोउ जी, उहाँ माईक मिलर जी हो ।
मिलर: नमस्ते ।
म माईक मिलर हो ।
अमेरिकबाट आएको हो ।
भेटेर खुशी लाग्यो ।
सातोउ: म सातोउ केईको हो ।
भेटेर खुशी लाग्यो ।

## III. उपयोगी शब्द र जानकारी

### 国・人・ことば　　देश नागरिक र भाषा

| 国　देश | 人　नागरिक | ことば　भाषा |
|---|---|---|
| アメリカ (संयुक्त राज्य अमेरिका) | アメリカ人 | 英語 (अंग्रेजी भाषा) |
| イギリス (संयुक्त अधिराज्य ग्रेटब्रिटेन) | イギリス人 | 英語 (अंग्रेजी भाषा) |
| イタリア (इटाली) | イタリア人 | イタリア語 (इटाली भाषा) |
| イラン (इरान) | イラン人 | ペルシア語 (पर्सियन भाषा) |
| インド (भारत) | インド人 | ヒンディー語 (हिन्दी भाषा) |
| インドネシア (इन्डोनेसिया) | インドネシア人 | インドネシア語 (इन्डोनेशियाली भाषा) |
| エジプト (इजिप्ट) | エジプト人 | アラビア語 (अरबियन भाषा) |
| オーストラリア (अस्ट्रेलिया) | オーストラリア人 | 英語 (अंग्रेजी भाषा) |
| カナダ (क्यानाडा) | カナダ人 | 英語 (अंग्रेजी भाषा)<br>フランス語 (फ्रेन्च भाषा) |
| 韓国 (दक्षिण कोरिया) | 韓国人 | 韓国語 (कोरियन भाषा) |
| サウジアラビア (साउदी अरब) | サウジアラビア人 | アラビア語 (अरबियन भाषा) |
| シンガポール (सिंगापुर) | シンガポール人 | 英語 (अंग्रेजी भाषा) |
| スペイン (स्पेन) | スペイン人 | スペイン語 (स्पेनी भाषा) |
| タイ (थाईल्याण्ड) | タイ人 | タイ語 (थाई भाषा) |
| 中国 (चीन) | 中国人 | 中国語 (चिनियाँ भाषा) |
| ドイツ (जर्मनी) | ドイツ人 | ドイツ語 (जर्मनी भाषा) |
| 日本 (जापान) | 日本人 | 日本語 (जापानी भाषा) |
| フランス (फ्रान्स) | フランス人 | フランス語 (फ्रेन्च भाषा) |
| フィリピン (फिलिपिन) | フィリピン人 | フィリピノ語 (फिलिपिन भाषा) |
| ブラジル (ब्राजिल) | ブラジル人 | ポルトガル語 (पोर्चुगल भाषा) |
| ベトナム (भियतनाम) | ベトナム人 | ベトナム語 (भियतनामी भाषा) |
| マレーシア (मलेसिया) | マレーシア人 | マレーシア語 (मलेसियन भाषा) |
| メキシコ (मेक्सिको) | メキシコ人 | スペイン語 (स्पेनी भाषा) |
| ロシア (रुस) | ロシア人 | ロシア語 (रसियन भाषा) |

## IV. व्याकरण व्याख्या

### १. संज्ञा$_1$は संज्ञा$_2$です

१) विभक्ति は

विभक्ति は ले त्यस अगाडीको (संज्ञा$_1$) नै वाक्यको कर्ता भनि जनाईन्छ । मुख्य वाक्य (बिषय र कर्ता हेर्नुहोस्) । वक्ताले बोल्न चाहेको बारेमा भन्दा は राखी, त्यसपछि बिभिन्न बयान थपेर वाक्य वयान गरिन्छ ।

① わたしは マイク・ミラーです。 (१) म माईक मिलर हो ।

[सावधानी] विभक्ति は लाई わ उच्चारण गरिन्छ ।

२) です

संज्ञासंगै です को प्रयोग गऱ्यो भने वाक्य पूरा हुन्छ । です ले निर्णय र दावाको अर्थलाई अभिव्यक्त गर्नुका साथसाथै, श्रोतालाई विनम्रताको स्तरलाई अभिव्यक्त गरिन्छ । नकारात्मक वाक्य (तलको २ मा हेर्नुहोस्) वा भूतकालमा (पाठ १२ मा हेर्नुहोस्) अवस्थामा, です को स्वरुप परिवर्तन हुन्छ ।

② わたしは 会社員（かいしゃいん）です。 (२) म कार्यालयको कर्मचारी हो ।

### २. संज्ञा$_1$は संज्ञा$_2$じゃ（では） ありません

じゃ（では） ありません, भनेको です को नकारात्मक स्वरुप हो । धैरैजसो दैनिक कुराकानीमा じゃ ありません को प्रयोग हुन्छ । औपचारिक स्थानमा बोल्दा, वा लेख्ने बेला では ありません प्रयोग हुन्छ ।

③ サントスさんは 学生（がくせい）じゃ ありません。 (३) सन्तोष जी विद्यार्थी होइन ।
（では）

[सावधानी] では को は लाई わ उच्चारण गरिन्छ ।

### ३. संज्ञा$_1$は संज्ञा$_2$ですか (प्रश्नवाक्य)

१) विभक्ति か

विभक्ति か ले वक्ताको अनिश्चित मन वा, मनमा दुविधा लागेको अभिव्यक्त गरिन्छ । वाक्यको अन्तिममा か को प्रयोग गरेर पुछताछका प्रश्न बनाउन सकिन्छ । पुछताछका प्रश्न साधारणतया, वाक्यको अन्तमा उच्चारण माथि जान्छ ।

२) वाक्यको बिषयवस्तु ठिक छ, छैन सोध्नको लागि प्रयोग गर्ने पुछताछका प्रश्न वाक्य

शब्दको क्रम परिवर्तन नगरी, वाक्यको अन्तिममा か जोडेर प्रश्न बनाउँदछ । यस पुछताछका प्रश्नले वाक्यको बिषयवस्तु ठिक छ, छैन सोध्नको लागि हो, उत्तर ठिक छ भने はい ठिक छैन भने いいえ जोडेर उत्तर दिईन्छ ।

④ ミラーさんは アメリカ人（じん）ですか。 (४) मिलर जी अमेरिकी नागरिक हो ?
……はい、アメリカ人（じん）です。 ......हो, उहाँ अमेरिकी नागरिक हो ।

⑤ ミラーさんは 先生（せんせい）ですか。 (५) मिलर जी शिक्षक हो ?
……いいえ、先生（せんせい）じゃ ありません。 ......होइन, उहाँ शिक्षक होईन ।

३) पुछताछका प्रश्नहरु

वक्ताले सोधपुछ गर्न चाहेको बिषयवस्तुको हिस्सालाई पुछताछको खण्डमा यसको प्रयोग गर्दछ । उच्चारणमा परिर्वतन हुँदैन, वाक्यको अन्तिममा यसलाई जोडिन्छ । か अन्तिममा जोडिन्छ । शब्दक्रम परिवर्तन हुँदैन ।

⑥　あの　方<sup>かた</sup>は　どなたですか。　　　　　　(६) उहाँ को हुनुहुन्छ ?

　　……　[あの　方<sup>かた</sup>は]　ミラーさんです。　　……　[उहाँ] मिलर जी हुनुहुन्छ ।

## ४. 　संज्ञा も

दोहोरिएर एकै खालको कुरा उल्लेख (वर्णन) गर्नको लागि「も」को प्रयोग गरिन्छ ।

⑦　ミラーさんは　会社員<sup>かいしゃいん</sup>です。　グプタさんも　会社員<sup>かいしゃいん</sup>です。

　　(७) मिलर जी कर्मचारी हो । गुप्ता जी पनि कर्मचारी हो ।

## ५. 　संज्ञा₁の　संज्ञा₂

अगाडीको संज्ञा₂ ले संज्ञा₂ ले रुप परिवर्तन गर्ने बेला, ले दुईवटा संज्ञालाई の ले जोडिन्छ ।
पाठ १ मा, संज्ञा₁ ले संज्ञा₂ को सम्बन्धको अभिव्यक्ति गरिन्छ ।

⑧　ミラーさんは　IMC　の　社員<sup>しゃいん</sup>です。

　　(८) मिलर जी आई एम सीको कर्मचारी हुनुहुन्छ ।

## ६. 　～さん

जापानी भाषामा, वक्ताले तेस्रो व्यक्ति वा श्रोताको थर वा नामको पछाडी さん को प्रयोग गरिन्छ । さん ले व्यक्तिमाथि आदर गरेको जनाईन्छ, वक्ताले आफ्नो थर वा नाममा प्रयोग गरिंदैन । बच्चाहरुको लागि さん को सट्टामा ちゃん को प्रयोग हुन्छ, घनिष्ठता जनाउनको लागि ちゃん जोडिन्छ ।

⑨　あの　方<sup>かた</sup>は　ミラーさんです。　　　　(९) उहाँ मिलर जी हुनुहुन्छ ।

श्रोताको सन्दर्भमा, यदि वक्ताले श्रोताको नाम थाहा छ भने पनि あなた को प्रयोग गरिंदैन । श्रोताको नाम वा थरमा धेरैजसो さん को प्रयोग गरिन्छ ।

⑩　鈴木<sup>すずき</sup>：ミラーさんは　学生<sup>がくせい</sup>ですか。　　(१०) सुजुकि: मिलर जी बिद्यार्थी हो ?

　　ミラー：いいえ、会社員<sup>かいしゃいん</sup>です。　　　　　　मिलर: होइन, कर्मचारी हो ।

[सावधानी] घनिष्ठतामा あなた को प्रयोग गरिन्छ (श्रीमान् श्रीमती, प्रेमि-प्रेमिका इत्यादी) अन्य अवस्थामा प्रयोग गर्दा ध्यान दिएन भने अभद्र सुनिन्छ ।

# पाठ २

## I. शब्दावली

| | | |
|---|---|---|
| これ | | यो (वक्ताको नजिकको बस्तु देखाउँदा प्रयोग गरिन्छ) |
| それ | | त्यो (श्रोताको नजिकको बस्तु देखाउँदा प्रयोग गरिन्छ) |
| あれ | | उ त्यो (वक्ताको र श्रोताको टाढाको बस्तु देखाउँदा प्रयोग गरिन्छ) |
| | | |
| この ～ | | यो~ |
| その ～* | | त्यो~ |
| あの ～* | | उ त्यो~ |
| | | |
| ほん | 本 | किताब, पुस्तक |
| じしょ | 辞書 | शब्दकोश |
| ざっし | 雑誌 | पत्रिका |
| しんぶん | 新聞 | अखबार, समाचार पत्र |
| ノート | | नोट बुक |
| てちょう | 手帳 | दैनिकी, डायरी |
| めいし | 名刺 | भिजिटिङ कार्ड, परिचय पत्र |
| カード | | (क्रेडिट) कार्ड |
| | | |
| えんぴつ | 鉛筆 | सीसाकलम |
| ボールペン | | बल पेन |
| シャープペンシル | | लिड पेन्सिल |
| | | |
| かぎ | | साँचो |
| とけい | 時計 | घडी |
| かさ | 傘 | छाता |
| かばん | | झोला, ब्याग |
| | | |
| CD | | सिडी |
| | | |
| テレビ | | टेलिभिजन |
| ラジオ | | रेडियो |
| カメラ | | क्यामेरा |
| コンピューター | | कम्प्युटर |
| くるま | 車 | कार, गाडी |
| | | |
| つくえ | 机 | डेस्क |
| いす | | कुर्सी, मेच |

| | | |
|---|---|---|
| チョコレート | | चकलेट |
| コーヒー | | कफी |
| [お]みやげ | [お]土産 | उपहार |
| えいご | 英語 | अंग्रेजी भाषा |
| にほんご | 日本語 | जापानी भाषा |
| ～ご | ～語 | ～भाषा |
| なん | 何 | के |
| そう | | ए |

### 〈練習(れんしゅう)C〉

| | |
|---|---|
| あのう | कुरा गर्दा बीचबीचमा भनिने थेगो जस्तै |
| えっ | ओहो ! (केहि नसोचेको कुरा सुन्दा अचम्म भएर प्रयोग गर्ने शब्द) |
| どうぞ。 | लिनुस् । (कसैलाई केहि चिज प्रस्ताव गर्दा प्रयोग हुन्छ) |
| [どうも] ありがとう [ございます]。 | [धेरै धेरै] धन्यवाद । |
| そうですか。 | ए हो । |
| 違(ちが)います。 | होइन, गलत । |
| あ | ओहो ! (केहि कुराको सचेत हुँदा प्रयोग हुन्छ) |

### 〈会話(かいわ)〉

| | |
|---|---|
| これから お世話(せわ)に なります。 | अबबाट हजुरको सहयोग माग्न सक्छु । (प्रथम भेटमा भनिने शब्द) |
| こちらこそ [どうぞ] よろしく [お願(ねが)いします]。 | मलाई पनि तपाईंलाई भेटेर खुशी लाग्यो । (प्रथम भेटमा भनिने शब्दको जवाफमा भनिने शब्द) |

## II. अनुवाद

2

### वाक्यको संरचना

१. यो शब्दकोश हो ।
२. त्यो मेरो छाता हो ।
३. यो पुस्तक मेरो हो ।

### वाक्यको उदाहरण

१. यो बलपेन हो ?
......अँ, हो ।
२. त्यो नोट कापी हो ?
......होइन, यो डायरी हो ।
३. त्यो के हो ?
......परिचय पत्र हो ।
४. यो ｢९｣ हो कि, ｢७｣ हो ?
......｢९｣ हो ।
५. त्यो के को पत्रिका हो ?
......कम्प्युटरको पत्रिका हो ।
६. उ त्यो कस्को झोला हो ?
......सातोउ जीको झोला हो ।
७. यो मीलर जीको हो ?
......होइन, मेरो होइन ।
८. यो साँचो कस्को हो ?
......मेरो हो ।

### संवाद

#### अबबाट हजुरको सहयोगको अपेक्षा गर्छु

यामादा ईचिरो: हजुर, को हो ?
सन्तोष: ४०८ को सन्तोष हो ।

..........................................................................

सन्तोष: नमस्ते । म सन्तोष हो ।
अबबाट हजुरको सहयोगको अपेक्षा गर्छु ।
तपाईंलाई भेटेर खुशी लाग्यो ।
यामादा: मलाई पनि तपाईंलाई भेटेर खुशी लाग्यो ।
सन्तोष: यो कफी हो । पिउनुहोस् ।
यामादा: धन्यवाद ।

## III. उपयोगी शब्द र जानकारी

### 名前（なまえ）　पारिवारिक नाम

जापानीको परिचित थर

| | | | | | | | |
|---|---|---|---|---|---|---|---|
| 1 | 佐藤（さとう） | 2 | 鈴木（すずき） | 3 | 高橋（たかはし） | 4 | 田中（たなか） |
| 5 | 渡辺（わたなべ） | 6 | 伊藤（いとう） | 7 | 山本（やまもと） | 8 | 中村（なかむら） |
| 9 | 小林（こばやし） | 10 | 加藤（かとう） | 11 | 吉田（よしだ） | 12 | 山田（やまだ） |
| 13 | 佐々木（ささき） | 14 | 斎藤（さいとう） | 15 | 山口（やまぐち） | 16 | 松本（まつもと） |
| 17 | 井上（いのうえ） | 18 | 木村（きむら） | 19 | 林（はやし） | 20 | 清水（しみず） |

城岡啓二、村山忠重「日本の姓の全国順位データベース」より。2011 年８月公開

केईजी सिरोको र तादाशिगे [मुरायामाको राष्ट्रिय उपनामको रेकर्ड] २०११अगस्तमा प्रकाशित

### अभिवादन

初（はじ）めまして。

⇦ जब मानिसले ब्यापारमा पहिलोचोटि भेट्दा, भिजिटिङ्ग कार्ड साट्दछन् ।

どうぞ よろしく
お願（ねが）いします。

घर सरेको ठाँउको छरछिमेकलाई आफ्नो परिचय दिन जाने बेला रुमाल, साबुन वा मिठाई जस्ता उपहार दिएर, अभिवादन गर्न जाँदा राम्रो हुन्छ । ⇨

## IV. व्याकरण व्याख्या

### १. これ／それ／あれ

これ, それ र あれ ले वस्तुलाई अंकित गर्ने शब्द, जसले संज्ञाको काम गर्दछ ।
これ को सन्दर्भमा वक्ताको नजिक जनाइन्छ ।
それ को सन्दर्भमा श्रोताको नजिक जनाइन्छ ।
あれ को सन्दर्भमा वक्ता र श्रोता दुबैबाट टाढा जनाइन्छ ।

① それは 辞書(じしょ)ですか。 (१) त्यो शब्दकोष हो ।
② これは だれの 傘(かさ)ですか。 (२) यो कसको छाता हो ।

### २. この संज्ञा／その संज्ञा／あの संज्ञा

この, その र あの ले संज्ञाको रुप परिवर्तन गर्न प्रयोग गरिन्छ ।

③ この 本(ほん)は わたしのです。 (३) यो पुस्तक मेरो हो ।
④ あの 方(かた)は どなたですか。 (४) उहाँ को हुनुहुन्छ ?

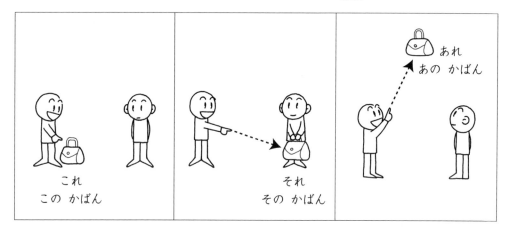

### ३. そうです

संज्ञा वाक्यमा, そう भन्ने शब्द धेरैजसो सकारात्मक उत्तर अथवा नकारात्मकको प्रश्नको सकारात्मक हो की नकारात्मक हो भनि गरेको प्रश्नको उत्तरमा सकारात्मक उत्तर दिदा そう को प्रयोग गरी, はい、そうです भनेर उत्तर दिन सकिन्छ ।

⑤ それは 辞書(じしょ)ですか。 (५) त्यो शब्दकोष हो ।
……はい、そうです。 ......हो, त्यो हो ।

नकारात्मक अवस्थामा, साधारणतया そう प्रयोग नगरी उत्तर दिई, त्यसको सट्टामा ちがいます (होइन, यो होइन) को प्रयोग गरी, ठिक उत्तरको बयान धेरैजसो गरिन्छ ।

⑥ それは ミラーさんのですか。 (६) त्यो मिलर जी को हो ?
……いいえ、違(ちが)います。 ......होइन, यो होइन ।

⑦ それは シャープペンシルですか。 (७) त्यो लिड पेन्सिल हो ?
……いいえ、ボールペンです。 ......होइन, बल पेन हो ।

2

## ४. ～か、～か

दुई वा सोभन्दा बढी दुविधा प्रश्नको, मिल्ने उत्तर छनौट गराउने पुछताछका प्रश्न हो । यसको उत्तरमा はい, いいえ को उत्तर नदिई, छनोट गर्न राखिएको वाक्य जस्ताको त्यस्तै सारिन्छ ।

⑧ これは「9」ですか、「7」ですか。 (८) यो ९ हो कि ७ हो ?
……「9」です。 ......यो ९ हो ।

## ५. संज्ञा१の संज्ञा२

संज्ञा१ ले संज्ञा२ को रुप परिवर्तन गर्दा, संज्ञा१ र संज्ञा२ बिचमा の को प्रयोग गरिन्छ भनेर पाठ १ मा अध्ययन गरियो । यस पाठमा の ले तलका अनुसार अर्को व्याख्या पनि गर्छ ।

१) संज्ञा१ ले संज्ञा२ संग सम्बन्धित छ भनि ब्याख्या गर्दछ ।

⑨ これは コンピューターの 本(ほん)です。 (९) यो कम्प्यूटरको किताब हो ।

२) संज्ञा१ ले संज्ञा२ कसको हो भनेर जनाउँदछ ।

⑩ これは わたしの 本(ほん)です。 (१०) यो मेरो किताब हो ।

## ६. संज्ञाको प्रतिस्थापन गर्दा の

の को प्रयोग संज्ञाको सट्टामा प्रयोग हुन्छ भने पहिला नै उल्लेख गरिसकें (उदाहरणको लागि (११) मा かばんको सट्टामा) । यदि संज्ञाको पछि राखिएको छ भने (उदाहरणको लागि (११) संज्ञाको पछाडि आउँछ さとうさん), यसले संज्ञा२ (かばん) लाई सक्षम बनाउँछ, संज्ञा१ को संज्ञा (さとうさんの かばん) छुटेको छ । の को प्रयोग वस्तुको प्रतिस्थापनको रुपमा प्रयोग हुन्छ तर व्यक्तिको लागि हुँदैन ।

⑪ あれは だれの かばんですか。 (११) उ त्यो कसको ब्याग हो ?
……佐藤(さとう)さんのです。 ......सातोउ जीको हो ।

⑫ この かばんは あなたのですか。 (१२) यो ब्याग तिम्रो हो ?
……いいえ、わたしのじゃ ありません。 ......होइन, मेरो होइन ।

⑬ ミラーさんは IMC の 社員(しゃいん)ですか。 (१३) मिलर जी आई एम सीको कर्मचारी हो ?
……はい、IMC の 社員(しゃいん)です。 ......हो, उहाँ हो ।
× はい、IMC のです。

## ७. お～

お विभक्तिको बारेमा, बिनम्रता अभिव्यक्त गर्ने काम गर्छ । (जस्तैः [お]みやげ, [お]さけ)

## ८. そうですか

यो वाक्य कसैले दिएको जानकारी वक्ताले स्वीकार गर्दा प्रयोग गर्दछ । यसको उच्चारण गर्दा आवाज तल झर्दछ ।

⑭ この 傘(かさ)は あなたのですか。 (१४) यो छाता तिम्रो हो ?
……いいえ、違(ちが)います。シュミットさんのです。 ......होइन, स्मिथको हो ।
そうですか。 हो र ।

# पाठ ३

## I. शब्दावली

3

| | | |
|---|---|---|
| ここ | | यहाँ |
| そこ | | त्यहाँ |
| あそこ | | उ त्यहाँ |
| どこ | | कहाँ |
| こちら | | यतातिर (ここ को आदर गरेर भन्ने शब्द) |
| そちら | | त्यतातिर (そこ को आदर गरेर भन्ने शब्द) |
| あちら | | उ त्यतातिर (あそこ को आदर गरेर भन्ने शब्द) |
| どちら | | कतातिर (どこ को आदर गरेर भन्ने शब्द) |
| きょうしつ | 教室 | कक्षाकोठा |
| しょくどう | 食堂 | चमेनागृह, भोजनालय |
| じむしょ | 事務所 | कार्यालय |
| かいぎしつ | 会議室 | बैठक कोठा |
| うけつけ | 受付 | स्वागत डेस्क (रिसेप्सन) |
| ロビー | | लबी (प्रतिक्षा गर्ने हल) |
| へや | 部屋 | कोठा |
| トイレ(おてあらい) | (お手洗い) | शौचालय |
| かいだん | 階段 | सिढी |
| エレベーター | | लिफ्ट (उचाल्ने यन्त्र) |
| エスカレーター | | एस्केलेटर |
| じどうはんばいき | 自動販売機 | भेन्डिङ्ग मेसिन |
| でんわ | 電話 | फोन (सेट, कल) |
| [お]くに | [お]国 | देश |
| かいしゃ | 会社 | कम्पनी |
| うち | | घर |

| | | |
|---|---|---|
| くつ | 靴 | जुत्ता |
| ネクタイ | | टाई |
| ワイン | | वाइन |
| うりば | 売り場 | पसल (सामान बेच्ने ठाउँ, कर्नर) |
| ちか | 地下 | भूमिगत, अन्डरग्राउण्ड (जमिन मुनिको तल्ला) |
| ―かい(―がい) | ―階 | ―तल्ला |
| なんがい* | 何階 | कति तल्ला |
| ―えん | ―円 | ―येन (जापानी मुद्रा को एकाई) |
| いくら | | कति |
| ひゃく | 百 | सय |
| せん | 千 | हजार |
| まん | 万 | दशहजार |

**〈練習C〉**

| | |
|---|---|
| すみません。 | माफ गर्नुस । (क्षमा चाहन्छु) |
| どうも。 | धन्यवाद । |

**〈会話〉**

| | |
|---|---|
| いらっしゃいませ。 | स्वागतम् । (होटल या पसलहरुमा जादा पाहुना (ग्राहक) लाई भन्ने शब्द) |
| [～を] 見せて ください。 | [～] देखाउनुहोस् । |
| じゃ | ल |
| [～を] ください。 | [～] दिनुहोस् । |

---

| | |
|---|---|
| イタリア | इटाली |
| スイス | स्वीजरल्याण्ड |
| フランス | फ्रान्स |
| ジャカルタ | जकार्ता |
| バンコク | बैंकक |
| ベルリン | बर्लिन |
| 新大阪 | ओसाका मा रहेको रेल स्टेसनको नाम |

3

## II. अनुवाद

### वाक्यको संरचना

१. यहाँ चमेनागृह हो ।
२. लिफ्ट उ त्यहाँ हो ।

### वाक्यको उदाहरण

१. यो ठाउँ सिन् ओसाका हो ?
......अँ, हो ।
२. शौचालय कहाँ हो ?
......उ त्यहाँ हो ।
३. यामादा जी कहाँ हो ?
......बैठक कोठामा हो ।
४. कार्यालय कहाँ हो ?
......उ त्यतातिर हो ।
५. तपाईं कुन देशको हो ?
......अमेरिका हो ।
६. त्यो कहाँको जुत्ता हो ?
......इटालीको जुत्ता हो ।
७. यो घडीको कति येन हो ?
......१८,६०० येन हो ।

### संवाद

#### यो दिनुहोस्

पसलको व्यक्तिA: स्वागत छ ।
मारिया: माफ गर्नुहोस् । वाइन पसल कहाँ छ ?
पसलको व्यक्तिA: अण्डरग्राउण्डको १ तलामा छ ।
मारिया: धन्यवाद ।

..........................................................................

मारिया: कृपया । त्यो वाइन देखाउनुहोस् ।
पसलको व्यक्तिB: हजुर, हेर्नुहोस् ।
मारिया: यो कहाँको वाइन हो ?
पसलको व्यक्तिB: जापानको हो ।
मारिया: कति हो ?
पसलको व्यक्तिB: २,५०० येन हो ।
मारिया: त्यसोभए, यो दिनुहोस् ।

## III. उपयोगी शब्द र जानकारी

### デパート　डेपार्टमेन्ट स्टोर

屋上(おくじょう)　遊園地(ゆうえんち)
मनोरञ्जन पार्क

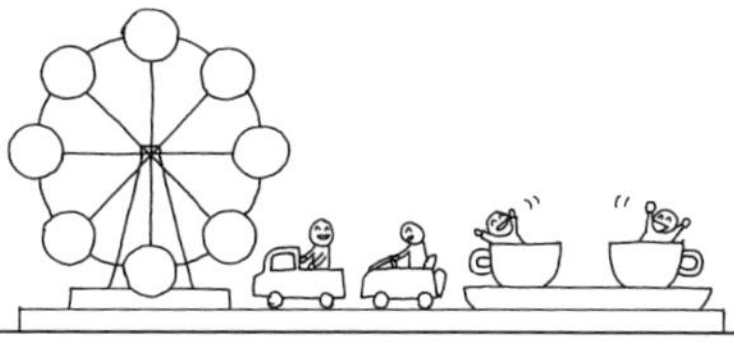

8階(かい)　レストラン・催し物会場(もよおしものかいじょう)
रेष्टुरेन्ट, प्रदर्शन हल

7階(かい)　時計(とけい)・眼鏡(めがね)
घडी, चस्मा

6階(かい)　スポーツ用品(ようひん)・旅行用品(りょこうようひん)
खेलकुद र भ्रमणका सामान

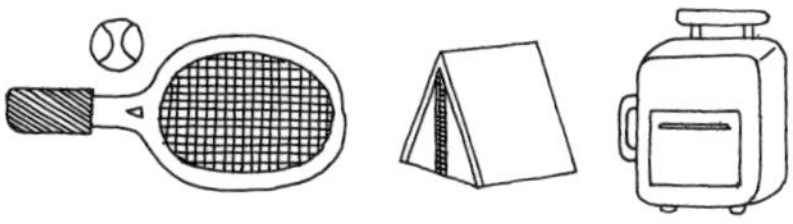

5階(かい)　子(こ)ども服(ふく)・おもちゃ・本(ほん)・文房具(ぶんぼうぐ)
बच्चाको लुगा, खेलौना, पुस्तक, स्टेशनरी

4階(かい)　家具(かぐ)・食器(しょっき)・電化製品(でんかせいひん)
सरसामान, भान्छाको सामान, बिजुलीका सामान

3階(がい)　紳士服(しんしふく)
पुरुषको लुगा

2階(かい)　婦人服(ふじんふく)
महिलाको लुगा

1階(かい)　靴(くつ)・かばん・アクセサリー・化粧品(けしょうひん)
जुत्ता, ब्याग, गरगहना, सौन्दर्य सामान

地下(ちか)1階(かい)　食品(しょくひん)
खाना

地下(ちか)2階(かい)　駐車場(ちゅうしゃじょう)
पार्किङ्ग स्थल

3

## IV. व्याकरण व्याख्या

१. ここ／そこ／あそこ／こちら／そちら／あちら

ここ, そこ, あそこ र ここले स्थानहरु उल्लेख गर्दछ そこ ले वक्ताको ठाउँ जनाउँदछ र あそこ ले बोल्ने र श्रोता दुबैबाट टाढाको स्थान जनाउँदछ ।
こちら, そちら, あちら सन्दर्भमा दिशालाई अंकित गरिन्छ तर, ここ, そこ, あそこ को विनम्रताको बिकल्पको रुपमा प्रयोग गर्न सकिन्छ । आफ्नो आँखा अगाडी ठाँउ अंकित गर्न प्रयोग गरिन्छ ।

[सावधानी] वक्ताले श्रोतालाई आफ्नो ठाँउमा छु भन्दा, वक्ता र श्रोता दुबै रहेको ठाँउलाई ここ, अलिकति टाढाको ठाँउलाई そこ, धैरै टाढाको ठाँउ लाई あそこ भनिन्छ ।

२. **संज्ञा**は **ठाँउ**です

यस प्रकारको वाक्यको बनावटमा ठाउँ, वस्तु र व्यक्ति कहाँ छ बताउन प्रयोग हुन्छ ।

① お手洗(てあら)いは あそこです。　(१) शौचालय उ त्यहाँ छ ।
② 電話(でんわ)は ２階(かい)です。　(२) फोन दोस्रो तल्लामा छ ।
③ 山田(やまだ)さんは 事務所(じむしょ)です。　(३) यामादा जी कार्यालयमा हुनुहुन्छ ।

३. どこ／どちら

どこ शब्द ले कहाँ, どちら शब्द ले कुन दिशामा भनेर प्रश्न गर्दा प्रयोग गरिन्छ । どちら शब्द कहाँको लागि भनेर सोध्न प्रयोग गरिन्छ । どこ भन्दा どちら बिनम्र रुपमा बोल्दा प्रयोग गरिन्छ ।

④ お手洗(てあら)いは どこですか。　(४) शौचालय कहाँ छ ?
……あそこです。　......उ त्यहाँ छ ।
⑤ エレベーターは どちらですか。　(५) लिफ्ट कहाँ छ ?
……あちらです。　......उ त्यहाँ छ ।

त्यसमाथि, देश, कार्यालय, विद्यालय इत्यादिसंग सम्बन्धित स्थानको नाम सोध्ने बेला, पुछताछको प्रश्नमा, なん नभई, どこ, どちらको प्रयोग गरिन्छ । どちら शब्द どこ भन्दा बिनम्र हुन्छ ।

⑥ 学校(がっこう)は どこですか。 (६) तपाईं कुन विद्यालय जानुहुन्छ ?

⑦ 会社(かいしゃ)は どちらですか。 (७) तपाईं कुन कम्पनीमा काम गर्नु हुन्छ ?

## ४. संज्ञा१の संज्ञा२

संज्ञा१ देशको नाम भएर, संज्ञा२ उत्पादित वस्तु हो भने, संज्ञा१ त्यो देशमा उत्पादित वस्तुको अर्थ बुझिन्छ । संज्ञा१ कम्पनीको नाम भएर, संज्ञा२ उत्पादित वस्तुको नामको अवस्थामा, संज्ञा१ को の ले कम्पनीको उत्पादित वस्तुको अर्थ जनाइन्छ । माथिको दुबै अवस्थामा प्रश्न गर्दा पुछताछको प्रश्न गर्दा どこ भनेर प्रयोग गरिन्छ ।

⑧ これは どこの コンピューターですか。 (८) यो कम्प्युटर कहाँ बनाईएको हो ?
……日本(にほん)の コンピューターです。 ......जापानको कम्प्युटर हो ।
……パワー電気(でんき)の コンピューターです。
......यो बिजुली पावर कम्पनीको कम्प्युटर हो ।

## ५. こ／そ／あ／ど (निश्चयवाचक प्रणाली) सूची

| | こ क्रम | そ क्रम | あ क्रम | ど क्रम |
|---|---|---|---|---|
| वस्तु | これ | それ | あれ | どれ (पाठ १६) |
| वस्तु · व्यक्ति | この संज्ञा | その संज्ञा | あの संज्ञा | どの संज्ञा (पाठ १६) |
| स्थान | ここ | そこ | あそこ | どこ |
| दिशा · स्थान (बिनम्र) | こちら | そちら | あちら | どちら |

## ६. お～

श्रोता वा तेस्रो व्यक्तिको सम्बन्धित मामला संग जोडिएको अव्यय お, लाई वक्ताले आदर गरेको जनाइन्छ ।

⑨ [お]国(くに)は どちらですか。 (९) तपाईं कुन देशबाट आउनुभएको हो ?

# पाठ ४

## I. शब्दावली

| おきます | 起きます | उठ्नु, बिउँझनु |
|---|---|---|
| ねます | 寝ます | सुत्नु |
| はたらきます | 働きます | काम गर्नु |
| やすみます | 休みます | बिदा हुनु, आराम गर्नु |
| べんきょうします | 勉強します | अध्ययन गर्नु |
| おわります | 終わります | सिध्याउनु, पूरा गर्नु, सकिनु |

| デパート | | डिपार्टमेन्ट स्टोर |
|---|---|---|
| ぎんこう | 銀行 | बैंक |
| ゆうびんきょく | 郵便局 | हुलाक कार्यालय |
| としょかん | 図書館 | पुस्तकालय |
| びじゅつかん | 美術館 | कला संग्राहलय |

| いま | 今 | अहिले |
|---|---|---|
| ーじ | ー時 | ーबजे |
| ーふん（ーぷん） | ー分 | ーमिनेट |
| はん | 半 | आधा |
| なんじ | 何時 | कति बजे |
| なんぷん* | 何分 | कति मिनेट |

| ごぜん | 午前 | बिहानपख |
|---|---|---|
| ごご | 午後 | दिउँसोपख |

| あさ | 朝 | बिहान |
|---|---|---|
| ひる | 昼 | दिवा |
| ばん（よる） | 晩（夜） | साँझ, राति (रात्री) |

| おととい | | अस्ति |
|---|---|---|
| きのう | | हिजो |
| きょう | | आज |
| あした | | भोलि |
| あさって | | पर्सि |

| けさ | | आज बिहान |
|---|---|---|
| こんばん | 今晩 | आज बेलुका |

| やすみ | 休み | बिदा, छुट्टी |
|---|---|---|
| ひるやすみ | 昼休み | खाना खाने समय |

| | | |
|---|---|---|
| しけん | 試験 | परीक्षा |
| かいぎ | 会議 | सभा, बैठक (～を します : बैठक बस्नु) |
| えいが | 映画 | सिनेमा |
| | | |
| まいあさ | 毎朝 | प्रत्येक (हरेक) बिहान |
| まいばん | 毎晩 | प्रत्येक (हरेक) साँझ |
| まいにち | 毎日 | प्रत्येक (हरेक) दिन |
| | | |
| げつようび | 月曜日 | सोमबार |
| かようび | 火曜日 | मंगलबार |
| すいようび | 水曜日 | बुधबार |
| もくようび | 木曜日 | बिहिबार |
| きんようび | 金曜日 | शुक्रबार |
| どようび | 土曜日 | शनिबार |
| にちようび | 日曜日 | आइतबार |
| なんようび | 何曜日 | कुन बार |
| | | |
| ～から | | ～देखि, ～बाट |
| ～まで | | ～सम्म |
| ～と ～ | | ～र～ (संज्ञालाई जोड्न प्रयोग गरिन्छ) |

**〈練習(れんしゅう) C〉**

| | |
|---|---|
| 大変(たいへん)ですね。 | गाह्रो छ, हगि ? (सहानुभुति जनाउन प्रयोग गरिन्छ) |

**〈会話(かいわ)〉**

| | |
|---|---|
| 番号(ばんごう) | अंक (नम्बर) |
| 何番(なんばん) | कति नम्बर |
| そちら | त्यहाँ (तपाईंको ठाउँमा) |

---

| | |
|---|---|
| ニューヨーク | न्युयोर्क |
| ペキン | बेईजिङ्ग (北京) |
| ロサンゼルス | लसएन्जेल्स |
| ロンドン | लण्डन |
| | |
| あすか | काल्पनिक जापानी रेस्टुरेन्ट |
| アップル銀行(ぎんこう) | काल्पनिक बैंक |
| みどり図書館(としょかん) | काल्पनिक पुस्तकालय |
| やまと美術館(びじゅつかん) | काल्पनिक कला संग्रालय |

## II. अनुवाद

### वाक्यको संरचना

१.  अहिले ४ बजेर ५ मिनेट भयो ।
२.  म हरेक बिहान ६ बजे उठ्छु ।
३.  मैले हिजो अध्ययन गरें ।

4

### वाक्यको उदाहरण

१.  अहिले कति बज्यो ?
    ......२बजेर १० मिनेट भयो ।
    न्युयोर्कमा अहिले कति बज्यो ?
    ......रातको १२ बजेर १० मिनेट भयो ।
२.  बिदा कुन बार हो ?
    ......शनिबार र आइतबार हो ।
३.  एप्पल बैंक कति बजेदेखि कति बजेसम्म हो ?
    ......९ बजेदेखि ३ बजेसम्म हो ।
४.  हरेक राति कति बजे सुत्नु हुन्छ ?
    ......११ बजे सुत्छु ।
५.  हरेक दिन कति बजेदेखि कति बजेसम्म अध्ययन गर्नुहुन्छ ?
    ......बिहान ९ बजेदेखि दिउँसो ३ बजेसम्म अध्ययन गर्छु ।
६.  शनिबार काम गर्नुहुन्छ ?
    ......अहँ, गर्दिन ।
७.  हिजो अध्ययन गर्नुभयो ?
    ......अहँ, अध्ययन गरेको थिएन ।

### संवाद

**त्यहाँ कति बजेसम्म खोल्छ ?**

मिलर: माफ गर्नुहोस् । आसुखाको फोन नम्बर कति हो ?
सातोउ: आसुखाको ? ५२७५-२७२५ हो ।
मिलर: धन्यवाद ।

.........................................................................

आसुखाको कर्मचारी: हजुर, आसुखा बोल्दै छु ।
मिलर: माफ गर्नुहोस् । त्यहाँ कति बजेसम्म हो ?
आसुखाको कर्मचारी: १० बजे सम्म हो ।
मिलर: बिदा कुन बार हो ?
आसुखाको कर्मचारी: आइतबार हो ।
मिलर: ए हो । धन्यवाद ।

## III. उपयोगी शब्द र जानकारी

### 電話（でんわ）・手紙（てがみ）　फोन र चिठी

#### सार्वजनिक फोन प्रयोग गर्ने तरिका

① फोन रिसिभर उचाल्नुहोस् ।
② चानचुन पैसा वा फोनकार्ड हाल्नुहोस् ।
③ नम्बर थिच्नुहोस् ।
④ फोन रिसिभर राख्नुहोस् ।
⑤ फोन कार्ड वा पैसा फिर्ता लिनुहोस् ।

सार्वजनिक फोनमा १० येन, १०० येन र फोन कार्ड मात्र प्रयोग गर्न मिल्दछ । यदि तपाईंले १०० येन हाल्नुभयो भने बाकिं पैसा फिर्ता आउंदैन ।
*यदि मेशिनमा शुरु गर्ने बटन छ भने ③ नम्बर पछि थिच्नुहोस् ।

#### आपतकालीन फोन नम्बर र जानकारी

| | | |
|---|---|---|
| １１０ | 警察署（けいさつしょ） | प्रहरी |
| １１９ | 消防署（しょうぼうしょ） | दमकल र एम्बुलेन्स |
| １１７ | 時報（じほう） | समय |
| １７７ | 天気予報（てんきよほう） | मौसम पूर्वानुमान |
| １０４ | 電話番号案内（でんわばんごうあんない） | टेलिफोन नम्बर डाइरेक्ट्री |

#### ठेगाना लेख्ने तरिका

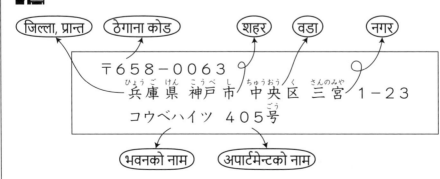

〒６５８－００６３
兵庫県（ひょうごけん） 神戸市（こうべし） 中央区（ちゅうおうく） 三宮（さんのみや） １－２３
コウベハイツ ４０５号（ごう）

- 兵庫県 → जिल्ला, प्रान्त
- 〒６５８－００６３ → ठेगाना कोड
- 神戸市 → शहर
- 中央区 → वडा
- 三宮 → नगर
- コウベハイツ → भवनको नाम
- ４０５号 → अपार्टमेन्टको नाम

# IV. व्याकरण व्याख्या

१. | 今 －時－分です |

समय व्यक्त गर्न अंकको पछाडि 時 र 分 जस्ता गणना प्रत्यय जोडिन्छ । 分 को २, ५, ७ र ९ को पछाडि ふん र १, ३, ४, ६, ८ र १० को पछाडि ぷん । १, ६, ८ र १० लाई いっ, ろっ, はっ, じゅっ (じっ), भनेर पढिन्छ (परिशिष्टमा हेर्नुहोस्) । समय सोध्नको लागि じ र ぷん को अगाडि なん लाई जोडिन्छ ।

① 今 何時ですか。
……7時10分です。

(१) अहिले कति बज्यो ?
……अहिले ७ बजेर १० मिनेट भयो ।

२. | क्रियाます／क्रियाません／क्रियाました／क्रियाませんでした |

१) क्रियाます ले वाक्य पूर्ण गराउने काम गरिन्छ । ます को प्रयोगले वक्ताले श्रोतालाई विनम्रताको स्तर जनाइन्छ ।

② わたしは 毎日 勉強します。
(२) म हरेक दिन अध्ययन गर्छु ।

२) क्रियाます को प्रयोग नियमित र प्रष्ट वाक्यमा प्रयोग हुन्छ । यो यस्तो वाक्यमा प्रयोग हुन्छ जुन भविष्यको व्यवहार वा घटनामा व्यक्त गरिन्छ । तलका तालिकाले नकारात्मक र भूतकाल स्वरुपको परिवर्तन जनाइन्छ ।

| | अभूतकाल (वर्तमान · भविष्य) | भूतकाल |
|---|---|---|
| सकारात्मक | おきます | おきました |
| नकारात्मक | おきません | おきませんでした |

③ 毎朝 6時に 起きます。
(३) हरेक दिन बिहान ६ बजे उठ्छु ।

④ あした 6時に 起きます。
(४) भोलि बिहान ६ बजे उठ्छु ।

⑤ けさ 6時に 起きました。
(५) आज बिहान ६ बजे उठें ।

३) क्रियाको प्रश्नमा वाक्यको अन्तिममा か को प्रयोग हुन्छ र शब्दको क्रम परिवर्तन हुँदैन । प्रश्न गर्दा यो शब्द त्यस स्थानमा राखिएको हुन्छ, जहाँ सोध्न चाहन्छ । प्रश्नको जवाफ दिंदा उत्तरमा प्रश्नको क्रिया पनि दोहोरिन्छ । そうです, ちがいます (पाठ २ हेर्नुहोस्) जस्ता उत्तरहरुको प्रयोग यस क्रियाको वाक्यमा प्रयोग हुँदैन ।

⑥ きのう 勉強しましたか。
……はい、勉強しました。
……いいえ、勉強しませんでした。

(६) के तपाईंले हिजो अध्ययन गर्नु भएको थियो ?
…… अँ, मैले गरें ।
…… अ हँ, मैले गरिन ।

⑦ 毎朝 何時に 起きますか。
……6時に 起きます。

(७) हरेक दिन कति बजे उठ्नु हुन्छ ?
……६ बजे उठ्छु ।

३. | संज्ञा (समय)に क्रिया |

समय जनाउने संज्ञाको पछाडि, विभक्ति に ले समयको घटनाक्रमलाई क्रियासंग जोडिन्छ ।

⑧ 6時半に 起きます。
(८) साढे ६ बजे उठ्छु ।

⑨ 7月2日に 日本へ 来ました。

(९) जुलाइको २ तारिखमा जापान आएँ। (पाठ ५)

[सावधानी १] に तल दिइएका समय जनाउने शब्दमा प्रयोग हुँदैन।

きょう、あした、あさって、きのう、おととい、けさ、こんばん、いま、まいあさ、まいばん、まいにち、せんしゅう (पाठ ५)、こんしゅう (पाठ ५)、らいしゅう (पाठ ५)、いつ (पाठ ५)、せんげつ (पाठ ५)、こんげつ (पाठ ५)、らいげつ (पाठ ५)、ことし (पाठ ५)、らいねん (पाठ ५)、きょねん (पाठ ५) ईत्यादी।

⑩ きのう 勉強しました。                 (१०) हिजो अध्ययन गरें।

[सावधानी २] तलका संज्ञामा に को प्रयोग वैकल्पिक हो।

～ようび、あさ、ひる、ばん、よる

⑪ 日曜日[に] 奈良へ 行きます。        (११) म आइतबार नारा जाँदैछु। (पाठ ५)

## ४.  | संज्ञा₁から संज्ञा₂まで |

१) から ले शुरु हुने समय र स्थान जनाइन्छ। まで ले सकिने समय र स्थान जनाइन्छ।

⑫ 9時から 5時まで 勉強します。        (१२) म ९ बजेदेखि ५ बजेसम्म अध्ययन गर्छु।

⑬ 大阪から 東京まで 3時間 かかります。

(१३) ओसाकाबाट तोकियो सम्म ३ घण्टा लाग्छ। (पाठ ११)

२) から र まで सधैं एकसाथ प्रयोग नगरी, अलग अलग पनि प्रयोग हुन्छ।

⑭ 9時から 働きます。                 (१४) मैले ९ बजेदेखि काम शुरु गर्छु।

३) विषयमा लेखिएका संज्ञा बाट शुरु हुने वा अन्त हुने समय वा मितिलाई जनाउन। ～から, ～まで, ～から～まで संग 「です」 जोडेर प्रयोग गर्न सकिन्छ।

⑮ 銀行は 9時から 3時までです。       (१५) बैंक ९ बजेदेखि ३ बजेसम्म खोल्छ।

⑯ 昼休みは 12時からです。           (१६) खाजा खाने समय १२ बजे देखि शुरु हुन्छ।

## ५.  | संज्ञा₁と संज्ञा₂ |

संज्ञालाई समानान्तर रुपमा राख्ने बेला, दुई संज्ञाहरुको सम्बन्धको समन्वय गरिन्छ।

⑰ 銀行の 休みは 土曜日と 日曜日です。  (१७) शनिवार र आइतबार बैंक बन्द हुन्छ।

## ६.  | ～ね |

विभक्ति ～ね वाक्यको अन्तिममा जोडिन्छ र श्रोताले सहमति जनाउन प्रयोग गर्दछ। श्रोताले बुझेको छ छैन बुझ्न र वक्तालाई जोड दिन प्रयोग गरिन्छ।

⑱ 毎日 10時まで 勉強します。        (१८) म हरेक दिन १० बजेसम्म अध्ययन गर्छु।

……大変ですね。                        ……त्यो गाह्रो छ, है ?

⑲ 山田さんの 電話番号は 871の 6813です。

……871の 6813ですね。

(१९) यामादाजीको फोन नम्बर ८७१ - ६८१३ हो।

    ……९७१ - ६८९३, सही हो ?

# पाठ ५

## I. शब्दावली

| | | |
|---|---|---|
| いきます | 行きます | जानु |
| きます | 来ます | आउनु |
| かえります | 帰ります | फर्कनु |
| がっこう | 学校 | विद्यालय |
| スーパー | | सुपर मार्केट |
| えき | 駅 | स्टेसन |
| ひこうき | 飛行機 | हवाईजहाज |
| ふね | 船 | पानीजहाज |
| でんしゃ | 電車 | रेल |
| ちかてつ | 地下鉄 | मेट्रो |
| しんかんせん | 新幹線 | बुलेट रेल (सिनखानसेन) |
| バス | | बस |
| タクシー | | ट्याक्सी |
| じてんしゃ | 自転車 | साइकल |
| あるいて | 歩いて | हिंड्दै |
| ひと | 人 | मानिस, मान्छे |
| ともだち | 友達 | साथी |
| かれ* | 彼 | उ, प्रेमी |
| かのじょ | 彼女 | उनी, प्रेमिका |
| かぞく | 家族 | परिवार |
| ひとりで | 一人で | एक्लै |
| せんしゅう | 先週 | गत हप्ता |
| こんしゅう | 今週 | यस हप्ता |
| らいしゅう | 来週 | अर्को हप्ता |
| せんげつ | 先月 | गत महिना |
| こんげつ* | 今月 | यस महिना |
| らいげつ | 来月 | अर्को महिना |
| きょねん | 去年 | गत बर्ष, पोहोर साल |
| ことし* | | यस बर्ष |
| らいねん | 来年 | अर्को बर्ष |
| ーねん* | ー年 | ーबर्ष |
| なんねん* | 何年 | कति बर्ष |
| ーがつ | ー月 | ーमहिना |
| なんがつ* | 何月 | कति महिना |

| | | |
|---|---|---|
| ついたち | 1日 | १गते |
| ふつか* | 2日 | २गते, २ दिन |
| みっか | 3日 | ३गते, ३ दिन |
| よっか* | 4日 | ४गते, ४ दिन |
| いつか* | 5日 | ५गते, ५ दिन |
| むいか | 6日 | ६गते, ६ दिन |
| なのか* | 7日 | ७गते, ७ दिन |
| ようか* | 8日 | ८गते, ८ दिन |
| ここのか | 9日 | ९गते, ९ दिन |
| とおか | 10日 | १०गते, १० दिन |
| じゅうよっか | 14日 | १४गते, १४ दिन |
| はつか* | 20日 | २०गते, २० दिन |
| にじゅうよっか* | 24日 | २४गते, २४ दिन |
| ーにち | ー日 | –गते, दिन |
| なんにち* | 何日 | कति गते, कति दिन |
| いつ | | कहिले |
| たんじょうび | 誕生日 | जन्म दिन |

**〈練習（れんしゅう） C〉**

そうですね。 — हो नि ।

**〈会話（かいわ）〉**

| | |
|---|---|
| [どうも] ありがとう ございました。 | [धेरै धेरै] धन्यबाद । |
| どう いたしまして。 | केहि छैन । |
| ー番線（ばんせん） | –नम्बर लाईन (रेल को लाईन) |
| 次（つぎ）の | अर्को |
| 普通（ふつう） | लोकल (रेल) |
| 急行（きゅうこう）* | न्यापिड (रेल) |
| 特急（とっきゅう）* | एक्सप्रेस (रेल) |

---

| | |
|---|---|
| 甲子園（こうしえん） | ओसाका नजिकको ठाउँको नाम |
| 大阪城（おおさかじょう） | ओसाका महल, ओसाकामा प्रसिद्ध महल |

## II. अनुवाद

### वाक्यको संरचना

१. म क्योटो जान्छु ।
२. म ट्याक्सीबाट घर फर्किन्छु ।
३. म परिवारसंगै जापानमा आएँ ।

### वाक्यको उदाहरण

5

१. भोलि कहाँ जानुहुन्छ ?
......नारा जान्छु ।
२. आइतबार कहाँ जानुभयो ?
......कहिँ पनि गएको थिएन ।
३. कुन साधनबाट टोकियो जानुहुन्छ ?
......बुलेट रेल (सिन्कान्सेन) बाट जान्छु ।
४. को संग टोकियो जानुहुन्छ ?
......यामादा जी संग जान्छु ।
५. कहिले जापान आउनभएको थियो ?
......मार्चको २५ तारिखमा आएको थिएँ ।
६. जन्मदिन कहिले हो ?
......जूनको १३ तारिख हो ।

### संवाद

**यो रेल कोउसिएनमा जान्छ ?**

सन्तोष: कृपया । कोउसिएनसम्मको रेल भाडा कति पर्छ ?
महिला: ३५० येन पर्छ ।
सन्तोष: ३५० येन हो है । धन्यवाद ।
महिला: केहि छैन् ।

..............................................................................

सन्तोष: कृपया । कोउसिएनको रेल कति नम्बरको हो ?
स्टेसन कर्मचारी: ५ नम्बरको हो ।
सन्तोष: धन्यवाद ।

..............................................................................

सन्तोष: हजुर, यो रेल कोउसिएनमा जान्छ ?
पुरुष: अहँ । अर्को लोकल रेल जान्छ ।
सन्तोष: ए हो । धन्यवाद ।

## III. उपयोगी शब्द र जानकारी

### 祝祭日 सरकारी बिदा

| | | |
|---|---|---|
| 1月1日 | 元日 | नव बर्ष दिवस |
| 1月第2月曜日** | 成人の日 | वयस्क दिवस |
| 2月11日 | 建国記念の日 | राष्ट्रिय एकता दिवस |
| 2月23日 | 天皇誕生日 | राजाको जन्मदिन |
| 3月20日* | 春分の日 | बसन्त विषुव दिन |
| 4月29日 | 昭和の日 | स्योवा दिवस |
| 5月3日 | 憲法記念日 | संविधान दिवस |
| 5月4日 | みどりの日 | मिडोरी दिवस |
| 5月5日 | こどもの日 | बाल दिवस |
| 7月第3月曜日*** | 海の日 | समुन्द्र दिवस |
| 8月11日 | 山の日 | पहाड दिवस |
| 9月第3月曜日*** | 敬老の日 | बृद्धको आदर गर्ने दिवस |
| 9月23日* | 秋分の日 | शरद विषुव दिन |
| 10月第2月曜日** | スポーツの日 | खेलकुद दिवस |
| 11月3日 | 文化の日 | कला र संस्कृतिक दिवस |
| 11月23日 | 勤労感謝の日 | श्रमिक धन्यवाद ज्ञापन दिवस |

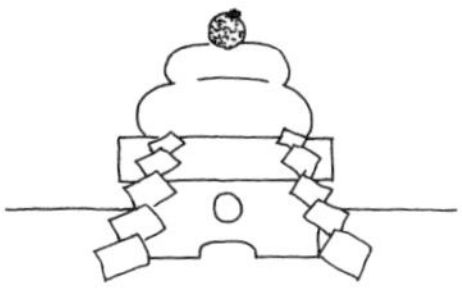

*बर्ष अनुसार फरक हुन्छ

**महिनाको दोस्रो सोमबार

***महिनाको तेस्रो सोमबार

यदि सरकारी बिदाआइतबार पर्यो भने त्यो बिदा पछिको सोमबार सर्छ । अप्रिलको २९ तारिख देखि मे को ५ तारिख सम्मको बिदालाई ゴールデンウィーク (गोल्डेन विक) भन्छ । केहि कम्पनीले कर्मचारीलाई पुरै हफ्ता बिदा दिन्छ ।

## IV. व्याकरण व्याख्या

१. **संज्ञा (स्थान)**へ 行きます／来ます／帰ります

चाल जनाउने क्रियालाई प्रयोग गर्ने बेला, विभक्ति へ ले त्यस स्थानमा जाने संज्ञा जनाइन्छ ।

| | |
|---|---|
| ① 京都へ 行きます。 | (१) म क्योटो जान्छु । |
| ② 日本へ 来ました。 | (२) म जापानमा आएँ । (पाठ ६) |
| ③ うちへ 帰ります。 | (३) म घर जाँदैछु । |

[सावधानी] विभक्ति へ लाई え भनेर उच्चारण गर्दछ ।

२. どこ[へ]も 行きません／行きませんでした

प्रश्नकर्तालि गरेको सबै बर्गको प्रश्नको नकारात्मक जवाफको लागि प्रयोग गरिन्छ, प्रश्नको उत्तरमा も लाई जोडेर क्रियाको रुपलाई नकारात्मक लगिन्छ ।

| | |
|---|---|
| ④ どこ[へ]も 行きません。 | (४) म कहिँ पनि जाँदिन । |
| ⑤ 何も 食べません。 | (५) म केही पनि खाँदिन । (पाठ ६) |
| ⑥ だれも 来ませんでした。 | (६) कोही पनि आएको थिएन । |

३. **संज्ञा (साधन)**で 行きます／来ます／帰ります

विभक्ति で ले साधन र माध्यम जनाइन्छ । वक्ताले साधन जनाउने संज्ञाको प्रयोग गरी, गतिशिल क्रिया संगसंगै प्रयोग गरी, साधनको माध्यम जनाइन्छ ।

| | |
|---|---|
| ⑦ 電車で 行きます。 | (७) म ट्रेनबाट गएँ । |
| ⑧ タクシーで 来ました。 | (८) म ट्याक्सीमा आएँ । |

हिंड्ने बेला उच्चारण गर्दा あるいて को प्रयोग गरी, で विभक्तिको प्रयोग गरिंदैन ।

| | |
|---|---|
| ⑨ 駅から 歩いて 帰りました。 | (९) म स्टेशनबाट हिँडेर घर फर्किन्छु । |

४. **संज्ञा (व्यक्ति र जनावर)**と **क्रिया**

जब व्यक्ति र जनावरसंग केहि गर्दा, त्यस व्यक्ति र जनावरसंग विभक्ति と लाई जोडेर जनाइन्छ ।

| | |
|---|---|
| ⑩ 家族と 日本へ 来ました。 | (१०) म परिवारसंग जापानमा आएँ । |

एक्लैले कार्य गर्ने बेला, ひとりで को प्रयोग गरिन्छ । यस अवस्थामा, विभक्ति と लाई प्रयोग गरिदैंन ।

| | |
|---|---|
| ⑪ 一人で 東京へ 行きます。 | (११) म एक्लै टोकियोमा जान्छु । |

## ५. いつ

समय सोध्नको लागि, なんじ, なんようび, なんがつ र なんにち जस्तै なん को प्रयोग गर्ने मात्र नभई, प्रश्न いつ प्रयोग गरिन्छ । いつ ले विभक्ति に लाई प्रयोगमा लिँदैन ।

⑫ いつ 日本(にほん)へ 来(き)ましたか。 (१२) तपाई कहिले जापान आउनुभयो ?
……3月(がつ)25日(にち)に 来(き)ました。 ......मार्चको २५ तारिखमा आएँ ।

⑬ いつ 広島(ひろしま)へ 行(い)きますか。 (१३) तपाई कहिले हिरोसीमा जानुहुन्छ ?
……来週(らいしゅう) 行(い)きます。 ......म अर्को हप्तामा जान्छु ।

5

## ६. ～よ

विभक्ति よ वाक्यको अन्तिममा राखिन्छ । श्रोतालाई थाहा नभएको बिषय वस्तुको जानकारी दिन, वक्ताले आफ्नो निर्णय र विचार श्रोतालाई व्यक्त गर्न प्रयोग गरिन्छ ।

⑭ この 電車(でんしゃ)は 甲子園(こうしえん)へ 行(い)きますか。
……いいえ、行(い)きません。次(つぎ)の「普通(ふつう)」ですよ。
(१४) यो रेल कोउसियनमा जान्छ ?
......अहँ, अर्को लोकल रेल जान्छ ।

⑮ 北海道(ほっかいどう)に 馬(うま)が たくさん いますよ。 (१५) होक्काइडोमा घोडा धेरै छन् । (पाठ १८)

⑯ マリアさん、この アイスクリーム、おいしいですよ。
(१६) मारिया जी, यो आइसक्रिम मिठो छ । (पाठ १९)

## ७. そうですね

そうですね ले वक्तालाई सहानुभूति वा सहमति व्यक्त गर्न प्रयोग गरिन्छ । तर そうですか संग मिल्ने (पाठ २ को ८ हेर्नुहोस्) そうですか ले वक्ताको नयाँ जानकारी चित्त बुझेको अभिव्यक्ति हो भने । そうですね ले वक्ताले पनि त्यहि सोचेको थियो, थाहा भएको चिजलाई सहमति, सहानुभूति जनाउन प्रयोग गरिन्छ ।

⑰ あしたは 日曜日(にちようび)ですね。 (१७) भोलि आइतबार हो, होइन र ?
……あ、そうですね。 ......अँ, हो नि ।

# पाठ ६

## I. शब्दावली

| | | |
|---|---|---|
| たべます | 食べます | खानु |
| のみます | 飲みます | पिउनु |
| すいます<br>［たばこを～］ | 吸います | पिउनु [चुरोट] |
| みます | 見ます | हेर्नु |
| ききます | 聞きます | सुन्नु |
| よみます | 読みます | पढ्नु |
| かきます | 書きます | लेख्नु (かきます भन्नाले चित्र बनाउनु भन्ने पनि बुझिन्छ, तर यस किताबमा हिरागानामा लेखिन्छ) |
| かいます | 買います | किन्नु |
| とります<br>［しゃしんを～］ | 撮ります<br>［写真を～］ | खिच्नु [फोटो] |
| します | | गर्नु |
| あいます<br>［ともだちに～］ | 会います<br>［友達に～］ | भेट्नु<br>[साथीलाई～] |
| ごはん | | भात |
| あさごはん* | 朝ごはん | बिहानको खाना |
| ひるごはん | 昼ごはん | दिउँसोको खाना |
| ばんごはん* | 晩ごはん | बेलुकाको खाना |
| パン | | पाउरोटी |
| たまご | 卵 | अण्डा |
| にく | 肉 | मासु |
| さかな | 魚 | माछा |
| やさい | 野菜 | तरकारी |
| くだもの | 果物 | फलफूल |
| みず | 水 | पानी |
| おちゃ | お茶 | चिया |
| こうちゃ | 紅茶 | कालो चिया |
| ぎゅうにゅう<br>（ミルク） | 牛乳 | दुध |
| ジュース | | जुस |
| ビール | | बियर |
| ［お］さけ | ［お］酒 | रक्सी |
| たばこ | | चुरोट |

6

| | | |
|---|---|---|
| てがみ | 手紙 | चिठी, चिठ्ठी |
| レポート | | रिपोर्ट, प्रतिबेदन |
| しゃしん | 写真 | फोटो, तस्बिर |
| ビデオ | | भिडियो |
| みせ | 店 | पसल |
| にわ | 庭 | बगैंचा |
| しゅくだい | 宿題 | गृहकार्य (～を します : गृहकार्य गर्नु) |
| テニス | | टेनिस (～を します : टेनिस खेल्नु) |
| サッカー | | फुटबल (～を します : फुटबल खेल्नु) |
| [お]はなみ | [お]花見 | पैयुँ (चेरी) फूल हेर्नु (～を します : पैयुँ (चेरी) फूल हेर्नु) |
| なに | 何 | के |
| いっしょに | | सँगै |
| ちょっと | | थोरै |
| いつも | | सँधै |
| ときどき | 時々 | कहिलेकाहीँ |
| それから | | त्यसपछि |
| ええ | | अँ |
| いいですね。 | | राम्रो छ है, ठिक छ है । |
| わかりました。 | | बुझें । |

**〈会話(かいわ)〉**

| | |
|---|---|
| 何(なん)ですか。 | के हो । |
| じゃ、また［あした］。 | ल फेरि भेटौंला [भोलि] । |

---

| | |
|---|---|
| メキシコ | मेक्सिको |
| 大阪(おおさか)デパート | काल्पनिक डिपार्टमेन्ट स्टोर |
| つるや | काल्पनिक रेस्टुरेन्ट |
| フランス屋(や) | काल्पनिक सुपर मार्केट |
| 毎日屋(まいにちや) | काल्पनिक सुपर मार्केट |

## II. अनुवाद

### वाक्यको संरचना

१. म पुस्तक पढ्छु ।
२. म स्टेसनमा पत्रिका किन्छु ।
३. संगै कोउबेमा जाने होइन ?
४. एकछिन आराम गरौं ।

### वाक्यको उदाहरण

१. रक्सी पिउनुहुन्छ ?
......अहँ, पिउदिंन ।
२. हरेक बिहान के खानुहुन्छ ?
......पाउरोटि र अण्डा खान्छु ।
३. आज बिहान के खानुभयो ?
......केहि पनि खाएको थिएन ।
४. शनिबार के गर्नुभयो ?
......जापानी भाषाको अध्ययन गरें । त्यसपछि साथीसंग चलचित्र हेरें ।
५. त्यो झोला कहाँ किन्नुभयो ?
......मेक्सिकोमा किने ।
६. भोलि टेनिस खेल्ने होइन र ?
......हुन्छ नि ।
७. भोलि १० बजे स्टेसनमा भेटौं ।
......हुन्छ ।

6

### संवाद

**संगै जाने होइन**

सातोउ: मिलर जी ।
मिलर: के होला ?
सातोउ: भोलि साथीसंग हानामी हेर्न जान्छु ।
मिलर जी पनि संगै जाने होइन र ?
मिलर: हुन्छ नि । कुन ठाउँमा जाने हो ?
सातोउ: ओसाका ज्योउ हो ।
मिलर: कति बजे जानुहुन्छ ?
सातोउ: १० बजे ओसाका स्टेसनमा भेटौं ।
मिलर: बुझें ।
सातोउ: त्यसो भए, फेरी भोलि ।

## III. उपयोगी शब्द र जानकारी

### 食べ物　खाना

**野菜　साग सब्जी**

| | |
|---|---|
| きゅうり | कांक्रो |
| トマト | गोलभेंडा |
| なす | भान्टा |
| まめ | गेडागुडी र कोसा |
| キャベツ | बन्दा |
| ねぎ | हरियो प्याज |
| はくさい | चीनिया बन्दा |
| ほうれんそう | पालुङ्गो |
| レタス | सलाद (जिरीको साग) |
| じゃがいも | आलु |
| だいこん | जापानी मूला |
| たまねぎ | प्याज |
| にんじん | गाजर |

**果物　फलफूल**

| | |
|---|---|
| いちご | भैँकाफल (स्ट्रबरी) |
| もも | आरु |
| すいか | खरभुजा (तरबुजा) |
| ぶどう | अंगुर |
| なし | नासपाति |
| かき | हलुवाबेद |
| みかん | सुन्तला |
| りんご | स्याउ |
| バナナ | केरा |

こめ　चामल

**肉　मासु**

| | |
|---|---|
| ぎゅうにく | गाईको मासु |
| とりにく | कुखुराको मासु |
| ぶたにく | सुँगुर (बंगुर) को मासु |
| ソーセージ | ससेज |
| ハム | ह्यायाम |

たまご　अन्डा

**魚　जापानमा पाईने माछा**

| | |
|---|---|
| あじ | ठूलो मेकेरल माछा |
| いわし | सार्दाइन माछा |
| さば | निलो मेकेरेल माछा (सावा) |
| さんま | मेकेरेल पाइक माछा |
| さけ | साल्मन माछा |
| まぐろ | टुना माछा |
| たい | सिब्रिम माछा |
| たら | कड माछा |
| えび | लवस्टर, झिंगे माछा |
| かに | गगँटो |
| いか | कटल माछा (स्किवड) |
| たこ | अक्टोपस |

かい　खबटे (शङ्ख किरा)

जापानका जनताले खपत गर्ने खानाको आधीभन्दा बढि आयातमा भर परेको छ । खानाको आत्मनिर्भरतामा मुख्य अन्न ५९%, तरकारी ८१%, फलफूल ३८%, मासु ५६%, सामुन्द्रिक खाना ६०% छन् । (२०१० सालको कृषि अनुसन्धान अनुसार) मुख्य खानाको चामल 100% आत्मनिर्भर छन् ।

6

## IV. व्याकरण व्याख्या

१. **संज्ञा を क्रिया (सकर्मक क्रिया)**

विभक्ति を लाई सकर्मक क्रियाको कर्ममा प्रयोग गरिन्छ ।

① ジュースを 飲(の)みます。 (१) म जुस पिउँछु ।

[सावधानी] を अक्षर विभक्तिको लागि मात्र प्रयोग गरिन्छ ।

२. **संज्ञा を します**

します ले अधिकांस संज्ञालाई लक्षित गरी कर्मको रुपमा लिने गरिन्छ । त्यस लक्षित कर्मलाई पूरा (कार्यान्वयन) गर्ने अर्थमा बुझिन्छ ।

१) खेल वा गेम खेल्नु

サッカーを します फुटबल खेल्नु　トランプを します तास खेल्नु

२) जमघट वा कार्यक्रम गर्नु

パーティーを します पार्टी गर्नु　会議(かいぎ)を します मिटिङ्ग गर्नु

३) केहि गर्नु

宿題(しゅくだい)を します गृहकार्य गर्नु　仕事(しごと)を します काम गर्नु
電話(でんわ)を します फोन गर्नु

३. **何(なに)を しますか**

यो एक कार्यको बारेमा प्रश्न गर्दा प्रयोग गरिन्छ ।

② 月曜日(げつようび) 何(なに)を しますか。
……京都(きょうと)へ 行(い)きます。

(२) सोमबार तपाईं के गर्दै हुनुहुन्छ ?
...... क्योटो जाँदैछु ।

③ きのう 何(なに)を しましたか。
……サッカーを しました。

(३) तपाईंले हिजो के गर्नु भयो ?
......फुटबल खेलें ।

४. **なん र なに**

なん र なに दुबैले के भन्ने जनाउँदछ ।
なん तलका अवस्थामा प्रयोग गरिन्छ ।

१) कुनै शब्दको पहिलाको उच्चारण「た」「だ」「な」को पंक्ति प्रयोग हुन्छ ।

④ それは 何(なん)ですか。 (४) यो के हो ?
⑤ 何(なん)の 本(ほん)ですか。 (५) के को पुस्तक हो ?
⑥ 寝(ね)る まえに、何(なん)と 言(い)いますか。 (६) सुत्नु अघि के भन्नुहुन्छ ? (पाठ २१)
⑦ 何(なん)で 東京(とうきょう)へ 行(い)きますか。 (७) तपाईं किन टोकियो जाँदै हुनुहुन्छ ?

[सावधानी] なんで लाई, साधन सोध्नको लागि मात्र नभई, कारण सोध्न पनि प्रयोग गरिन्छ । प्रष्ट रुपमा साधन सोधिएको अवस्था, なにで को प्रयोग गरिन्छ ।

⑧ 何(なに)で 東京(とうきょう)へ 行(い)きますか。
……新幹線(しんかんせん)で 行(い)きます。

(८) तपाईं कसरी टोकियो जानुहुन्छ ?
...... बुलेट रेल सिनकानसेनबाट जान्छु ।

२) गणना प्रत्ययको जोडिने अवस्थामा

⑨　テレーザちゃんは 何歳ですか。　　　（९) तेरेजा कति बर्ष भयो ?

१) र २) बाहेक सबैमा なに को प्रयोग हुन्छ ।

⑩　何を 買いますか。　　　　　　　（१०) तपाईं के किन्नुहुन्छ ?

## ५.　संज्ञा (स्थान)で क्रिया

यहाँ अध्ययन गर्ने विभक्ति で ले, ठाउँको संज्ञा सूचित गर्न यसको प्रयोग गरिन्छ, कुनै स्थानको घटनाक्रम जनाइन्छ ।

⑪　駅で 新聞を 買います。　　　　　（११) स्टेसनमा पत्रिका किन्छु ।

## ६.　क्रियाませんか

वक्ताले केहि कार्य गराउनको लागि अनुरोध गर्न प्रयोग गरिन्छ ।

⑫　いっしょに 京都へ 行きませんか。　（१२) के तपाईं हामीसंग क्योटो जान चाहनुहुन्छ ?
　　……ええ、いいですね。　　　　　　......अँ, राम्रो बिचार हो ।

## ७.　क्रियाましょう

बोल्ने व्यक्तिको संगै केहि गरौं भनेर सकारात्मक अनुरोध गर्न प्रयोग हुन्छ । साथै अनुरोधको सकारात्मक उत्तर दिन पनि प्रयोग गरिन्छ ।

⑬　ちょっと 休みましょう。　　　　　（१३) एकछिन आराम गरौं ।

⑭　いっしょに 昼ごはんを 食べませんか。（१४) संगै खाजा खाने होइन ?
　　……ええ、食べましょう。　　　　......अँ, खाऔं ।

[सावधानी] क्रियाませんか र क्रियाましょう दुबै कसैलाई केहि गराउनको लागि प्रयोग गरिन्छ, तर क्रियाませんか भन्दा क्रियाましょう ले वक्ताले श्रोतालाई अझ केहि गराउनको लागि विचार गराइन्छ ।

## ८.　〜か

か ले श्रोताबाट केहि नयाँ जानकारी पाएको जनाइन्छ । यसको प्रयोग そうですか को जस्तै か प्रयोग गरिन्छ । (पाठ २–८ हेर्नुहोस्)

⑮　日曜日 京都へ 行きました。　　　（१५) म आइतबार क्योटो गएँ ।
　　……京都ですか。いいですね。　　......क्योटो जानुभएको ? राम्रो है ।

# पाठ ७

## I. शब्दावली

| | | |
|---|---|---|
| きります | 切ります | काट्नु |
| おくります | 送ります | पठाउनु |
| あげます | | दिनु |
| もらいます | | पाउनु |
| かします | 貸します | सापट दिनु |
| かります | 借ります | सापट लिनु |
| おしえます | 教えます | सिकाउनु |
| ならいます | 習います | सिक्नु |
| かけます | | गर्नु [फोन～] |
| ［でんわを～］ | ［電話を～］ | |
| て | 手 | हात |
| はし | | चपस्टिक |
| スプーン | | चम्चा |
| ナイフ | | चक्कु |
| フォーク | | फोर्क |
| はさみ | | कैंची |
| パソコン | | कम्प्युटर |
| ケータイ | | मोबाइल, सेल फोन |
| メール | | ईमेल |
| ねんがじょう | 年賀状 | नयाँ बर्षको शुभकामना कार्ड |
| パンチ | | पंचिंग मेसिन |
| ホッチキス | | स्टेपलर |
| セロテープ | | पानी टेप |
| けしゴム | 消しゴム | इरेजर |
| かみ | 紙 | कागज |
| はな | 花 | फूल |
| シャツ | | सर्ट, कमिज |
| プレゼント | | उपहार |
| にもつ | 荷物 | सामान |
| おかね | お金 | पैसा |
| きっぷ | 切符 | टिकट |
| クリスマス | | क्रिस्मस |

| | | |
|---|---|---|
| ちち | 父 | बुबा |
| はは | 母 | आमा |
| おとうさん* | お父さん | अरुकसैको बुबा (आफ्नो बुबालाई बोलाउंदा पनि प्रयोग गरिन्छ) |
| おかあさん | お母さん | अरुकसैको आमा (आफ्नो आमालाई बोलाउंदा पनि प्रयोग गरिन्छ) |
| もう | | पहिलेनै |
| まだ | | अझै |
| これから | | अबदेखि, चाँडै |

### 〈練習C〉

| | |
|---|---|
| [～、] すてきですね。 | कस्तो राम्रो [～] ! |

### 〈会話〉

| | |
|---|---|
| いらっしゃい。 | स्वागतम । (तपाई आउनु भो कस्तो राम्रो) |
| どうぞ お上がり ください。 | ल भित्र आउनुहोस् । |
| 失礼します。 | (कसैको घरमा जाँदा या निस्किंदा या केहि कुरा सोध्दा प्रयोग हुन्छ) |
| [～は] いかがですか。 | [～केहि] लिनुहुन्छ ?, [～केहि] चाहिन्छ ? (कसैलाई केहिकुरा प्रस्ताव गर्दा प्रयोग हुन्छ) |
| いただきます。 | ल लिन्छु, स्वीकार गर्छु । (खाना खानु वा पिउनु भन्दा अगाडि भनिने शब्द) |
| ごちそうさま[でした]*。 | खुवाउनु भएकोमा धन्यवाद । (खाना खाइसकेपछि वा पिएपछि भनिने शब्द) |

---

| | |
|---|---|
| スペイン | स्पेन |

7

47

## II. अनुवाद

### वाक्यको संरचना

१. म कम्प्युटरबाट चलचित्र हेर्छु ।
२. म किमुरा जीलाई फूल दिन्छु ।
३. मैले करिना जीबाट चकलेट पाएँ ।
४. मैले पहिलानै मेल पठाई सकें ।

### वाक्यको उदाहरण

१. टेलिभिजनबाट जापानी भाषाको अध्ययन गर्नुभयो ?
  ......होइन, रेडियोबाट अध्ययन गरें ।
२. जापानी भाषाबाट विवरण लेख्नुहुन्छ ?
  ......होइन, अँग्रेजी भाषाबाट लेख्छु ।
३. "Goodbye" लाई जापानी भाषाबाट के भन्छ ?
  ......「सायोनारा」भन्छ ।
४. कसलाई नयाँ बर्षको कार्ड लेख्नुहुन्छ ?
  ......शिक्षक र साथीलाई लेख्छु ।
५. त्यो के हो ?
  ......डायरी हो । यामादा जीबाट पाएँ ।
६. बुलेट रेलको टिकेट किन्नुभयो ?
  ......अँ, पहिलेनै किनीसकें ।
७. दिउँसोको खाना खानुभयो ?
  ......अहँ, खाएको छैन । अब खान्छु ।

7

### संवाद

**स्वागत छ**

यामादा ईचिरो: हजुर ।
जोस सन्तोष: सन्तोष हो ।

..........................................................................

यामादा ईचिरो: स्वागत छ । माथि आउनुहोस् ।
जोस सन्तोष: धन्यवाद ।

..........................................................................

यामादा तोमोको: कफी पिउनुहुन्छ ?
मारिया सन्तोष: धन्यवाद ।

..........................................................................

यामादा तोमोको: पिउनुहोस् ।
मारिया सन्तोष: पिउँछु है ।
यो चम्चा राम्रो छ है ।
यामादा तोमोको: अँ । कार्यालयको सहकर्मीबाट पाएको हो ।
मेक्सिकोको उपहार हो ।

# III. उपयोगी शब्द र जानकारी

## 家族 परिवार
か ぞく

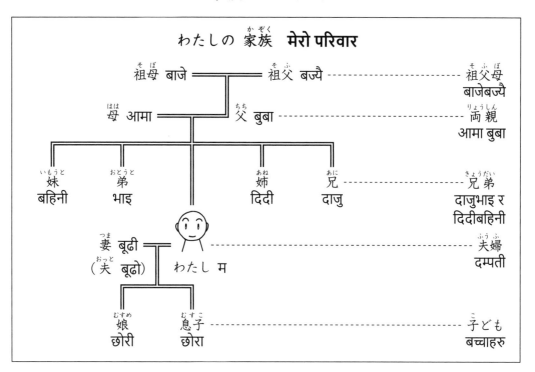

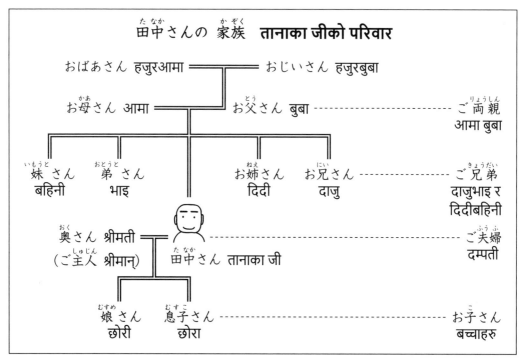

## IV. व्याकरण व्याख्या

### १. | संज्ञा (औजार वा साधन)で क्रिया |

विभक्ति で ले कार्य गर्दा कसरी वा कुन साधनबाट भन्ने जनाइन्छ ।

① はしで 食べます。
② 日本語で レポートを 書きます。

(१) म चपस्टिकले खान्छु ।
(२) म जापानीबाट प्रतिवेदन लेख्छु ।

### २. | शब्द वा वाक्यは ～語で 何ですか |

यस प्रश्नमा, अर्को भाषाबाट शब्द वा वाक्यलाई कसरी भन्ने भनेर सोध्नको लागि प्रयोग गरिन्छ ।

③ 「ありがとう」は 英語で 何ですか。
…… 「Thank you」です。
④ 「Thank you」は 日本語で 何ですか。
…… 「ありがとう」です。

(३) अंग्रेजीमा 「ありがとう」 लाई के भन्छ ?
......「थ्यान्क्यू」 भन्छ ।
(४) जापानीमा 「थ्यान्क्यू」 लाई के भन्छ ?
......「ありがとう」 भन्छ ।

### ३. | संज्ञा₁ (मान्छे)に संज्ञा₂を あげます इत्यादि |

あげます, かします, おしえます जस्ता क्रियाले केही गरिदिनु भनि जानकारी गराइन्छ । त्यसैले यसरी जानकारी प्रदान गराउँदा संज्ञासंग प्रयोग गर्नुपर्छ । विभक्ति に संग कसले पाउने हो, त्यो व्यक्तिको जानकारी गराउँदछ ।

⑤ [わたしは] 木村さんに 花を あげました。
(५) मैले किमुरा जीलाई फूल दिएँ ।
⑥ [わたしは] イーさんに 本を 貸しました。
(६) मैले लि जीलाई पुस्तक सापट दिएँ ।
⑦ [わたしは] 山田さんに 英語を 教えます。
(७) मैले यामादा जीलाई अँग्रेजी सिकाउँछु ।

### ४. | संज्ञा₁ (मान्छे)に संज्ञा₂を もらいます इत्यादि |

もらいます, かります, ならいます जस्ता क्रियाले वस्तु वा जानकारी गराई पाएको जानकारी गराउँदछ । त्यसैले यस्ता काम वा जानकारी पाउँदा कोबाट पाएको हो संज्ञासंग जोड्नु पर्छ । विभक्ति に संग दिएको व्यक्तिलाई जनाउँदछ ।

⑧ [わたしは] 山田さんに 花を もらいました。
(८) मैले यामादा जीबाट फूल पाएँ ।
⑨ [わたしは] カリナさんに CDを 借りました。
(९) मैले करिना जीबाट सी डी सापट लिएँ ।
⑩ [わたしは] ワンさんに 中国語を 習います。
(१०) मैले वान जीबाट चिनियाँ भाषा सिक्छु ।

[सावधानी] वाक्यको ढाँचा अनुसार に को सट्टामा から पनि लेख्न मिल्छ । から लाई व्यक्तिबाट भन्दा पनि कुनै कम्पनी वा बिद्यालयबाट केहि पाउने बेला प्रयोग हुन्छ ।

⑪　[わたしは] 山田さんから 花を もらいました。

(११) मैले यामादा जीबाट फूल पाएँ ।

⑫　銀行から お金を 借りました。

(१२) मैले बैंकबाट रकम सापट लिएँ ।

## ५. もう **क्रिया**ました

もう「पहिल्यै」को अर्थ भएर, क्रियाました संग संयोजन गरी प्रयोग हुन्छ । यस अवस्थामा, क्रियाました ले अहिले सम्मको कुनै पनि कार्य पूरा भएको बुझिन्छ ।
कार्य पूरा भयो भएन सोध्न, もう क्रियाましたか भन्ने प्रश्नको उत्तर, अर्थात् पूरा भएको अवस्थामा कार्य समाप्त भयो कि भएन भनेर सोध्नका लागि, अर्थात् सकारात्मक उत्तर, はい、もう क्रियाました हुन्छ भने, पूरा नभएको अवस्थामा, नकारात्मक उत्तरमा いいえ、क्रियाて いません (पाठ ३१ हेर्नुहोस्), अर्थात् いいえ、まだです हुन्छ । いいえ、क्रियाませんでした ले पहिला त्यस कार्य गरेको थिएन भन्ने अर्थ बुझिने भएकोले प्रयोग गरिदैन ।

⑬　もう 荷物を 送りましたか。　(१३) के तपाईंले सामान पठाउनु भइसक्यो ?
……はい、[もう] 送りました。　...... अँ, मैले पठाइसकें ।
……いいえ、まだ 送って いません。　...... अ हँ, पठाएको छैन । (पाठ ३१)
……いいえ、まだです。　...... अ हँ, छैन ।

## ६. विभक्ति छोट्याउनु

विभक्ति प्राय: अनौपचारिक रुपमा बोल्दा छोड्छन् । यदि यस बोलीमा अगाडि र पछाडिका सम्बन्धहरु स्पष्ट छन् भने ।

⑭　このスプーン[は]、すてきですね。　(१४) यो चम्चा सुन्दर छ है ?

⑮　コーヒー[を]、もう 一杯 いかがですか。

(१५) कफी अर्को एक कप लिनुहुन्छ ? (पाठ ८ हेर्नुहोस्)

# पाठ ८

## I. शब्दावली

| | | |
|---|---|---|
| ハンサム[な] | | सुन्दर आकर्षक |
| きれい[な] | | सुन्दर, सफा, राम्रो |
| しずか[な] | 静か[な] | शान्त |
| にぎやか[な] | | चहलपहल |
| ゆうめい[な] | 有名[な] | प्रख्यात |
| しんせつ[な] | 親切[な] | दयालु, सहयोगी (आफ्नो परिवारको सदस्यमा प्रयोग हुन्न) |
| げんき[な] | 元気[な] | स्वस्थ |
| ひま[な] | 暇[な] | फुर्सद |
| べんり[な] | 便利[な] | सहज |
| すてき[な] | | राम्रो, सुक्म |
| | | |
| おおきい | 大きい | ठूलो |
| ちいさい* | 小さい | सानो |
| あたらしい | 新しい | नयाँ |
| ふるい | 古い | पुरानो (मानिसमा प्रयोग हुन्न) |
| いい(よい) | | राम्रो, असल, ठिक |
| わるい* | 悪い | खराब |
| あつい | 暑い、熱い | तातो |
| さむい | 寒い | जाडो (तापक्रमलाई जनाउँदा) |
| つめたい | 冷たい | चिसो (केहि चिसो बस्तु छुँदा जनाउँछ) |
| むずかしい | 難しい | गाह्रो |
| やさしい | 易しい | सजिलो |
| たかい | 高い | महँगो, अग्लो, उचाई |
| やすい | 安い | सस्तो |
| ひくい* | 低い | होचो |
| おもしろい | | रोचक, चाखलाग्दो |
| おいしい | | मिठो, स्वादिलो |
| いそがしい | 忙しい | व्यस्त |
| たのしい | 楽しい | रमाइलो |
| | | |
| しろい | 白い | सेतो |
| くろい | 黒い | कालो |
| あかい | 赤い | रातो |
| あおい | 青い | निलो |
| | | |
| さくら | 桜 | पैंयु (चेरी) |
| やま | 山 | पहाड, हिमाल |
| まち | 町 | शहर |
| たべもの | 食べ物 | खानेकुरा |

8

52

| | | |
|---|---|---|
| ところ | 所 | ठाउँ/स्थान |
| りょう | 寮 | छात्रावास |
| レストラン | | रेस्टुरेन्ट |
| せいかつ | 生活 | जीवनयापन |
| [お]しごと | [お]仕事 | काम (～を　します：काम गर्नु) |
| どう | | कस्तो |
| どんな～ | | कस्तो प्रकारको～ |
| とても | | एकदम |
| あまり | | यति (नकारात्मकमा प्रयोग हुन्छ) |
| そして | | र (वाक्य जोड्न प्रयोग हुन्छ) |
| ～が、～ | | ～तर～ |

**〈練習C〉**

| | |
|---|---|
| お元気ですか。 | तपाईंलाई कस्तो छ ? |
| そうですね。 | हो है... । (अरुको कुराको सोच्दै थामिने अवस्था) |

**〈会話〉**

| | |
|---|---|
| [～、] もう 一杯 いかがですか。 | [～] तपाईंले अर्को एककप लिनुहुन्न ? |
| [いいえ、] けっこうです。 | [अँह,] पुग्यो । |
| もう ～です[ね]。 | ए～भएछ [है] । (～समय आउँदा वा ऋतु आउने बेलामा भनिन्छ) |
| そろそろ 失礼します。 | ल अब म लाग्छु । |
| いいえ。 | ठिकै छ । |
| また いらっしゃって ください。 | फेरि आउँदै गर्नुहोला । |

---

| | |
|---|---|
| シャンハイ | शाङ्घाई (上海) |
| 金閣寺 | किन्खाकुजी मन्दिर (सुनको मन्दिर) |
| 奈良公園 | नारा पार्क |
| 富士山 | फुजी पहाड (जापानको सबैभन्दा अग्लो पहाड) |
| 「七人の 侍」 | सातजना सामुराई (आकिरा कुरोसावाको शास्त्रीय जापानी सिनेमा) |

## II. अनुवाद

### वाक्यको संरचना

१. पैंयु (चेरी) सुन्दर छ ।
२. फूजी हिमाल अग्लो छ ।
३. पैंयु (चेरी) सुन्दर फूल हो ।
४. फूजी अग्लो हिमाल हो ।

### वाक्यको उदाहरण

१. ओसाकामा चहलपहल छ ?
......अँ, चहलपहल छ ।
२. साकुरा विश्वविद्यालय प्रख्यात छ ?
......अहँ, प्रख्यात छैन ।
३. बेइजिङ्ग अहिले जाडो छ ?
......अँ, अति जाडो छ ।
सांघाईमा पनि जाडो छ ?
......अहँ, त्यति जाडो छैन ।
४. विश्वविद्यालयको छात्रावास कस्तो छ ?
......पुरानो छ तर, सुविधाजनक छ ।
५. हिजो माचुमोतो जीको घरमा गएँ ।
......घर कस्तो थियो ?
राम्रो घर थियो । त्यसमाथि ठूलो घर थियो ।
६. हिजो रोचक चलचित्र हेरें ।
......कुन हेर्नु भयो ?
「सिचीनिननो सामुराई」 हेरेँ ।

### संवाद

#### बिस्तारै लाग्छु

यामादा ईचिरो: मारिया जी, जापानको जीवनयापन कस्तो छ ?
मारिया सन्तोष: हरदिन एकदम रमाईलो छ ।
यामादा ईचिरो: हो र । सन्तोष जी काम कस्तो छ ?
जोस सन्तोष: अँ । व्यस्त छु तर, रमाईलो छ ।

..............................................................................

यामादा तोमोको: कफी, अर्को एक कप पिउनुहुन्छ ?
या सन्तोष: अहँ, पर्दैन ।

..............................................................................

जोस सन्तोष: ओ हो, ६ बजिसक्यो । बिस्तारै लाग्छु ।
यामादा ईचिरो: हो र ।
मारिया सन्तोष: आजको लागि धन्यवाद ।
यामादा तोमोको: के हि छैन । फेरि आउनुहोस् ।

## III. उपयोगी शब्द र जानकारी

### 色(いろ)・味(あじ)　रंग र स्वाद

**色(いろ)　रंग**

| संज्ञा | विशेषण | संज्ञा | विशेषण |
|---|---|---|---|
| 白(しろ)　सेतो | 白(しろ)い | 黄色(きいろ)　पहेँलो | 黄色(きいろ)い |
| 黒(くろ)　कालो | 黒(くろ)い | 茶色(ちゃいろ)　खैरो | 茶色(ちゃいろ)い |
| 赤(あか)　रातो | 赤(あか)い | ピンク　गुलाफी | — |
| 青(あお)　निलो | 青(あお)い | オレンジ　सुन्तला | — |
| 緑(みどり)　हरियो | — | グレー　खरानी | — |
| 紫(むらさき)　बैजनी | — | ベージュ　पहेँलिएको | — |

**味(あじ)　स्वाद**

甘(あま)い　गुलियो

辛(から)い　पिरो

苦(にが)い　तितो

塩辛(しおから)い　नुनिलो

酸(す)っぱい　अमिलो

濃(こ)い　बाक्लो, कडा

薄(うす)い　पातलो, कमजोर

### 春(はる)・夏(なつ)・秋(あき)・冬(ふゆ)　वसन्त, ग्रीष्म, शरद्, हिउँद

जापानमा ऋतुहरु स्पष्ट छन् । वसन्त मार्चदेखि मेसम्म, ग्रीष्म जुनदेखि अगष्टसम्म, शरद् सेप्टेम्बरदेखि नोभेम्बरसम्म, हिँउद डिसेम्बरदेखि फेब्रुअरीसम्म हुन्छ । औसत तापक्रम ठाँउ अनुसार फरक हुन्छ । तापक्रमको परिवर्तन एकै प्रकारको हुन्छ । सबभन्दा गर्मी अगष्ट, सबभन्दा जाडो जनवरी र फेब्रुअरीमा हुन्छ । यसप्रकारका तापक्रम परिवर्तन अनुसार जापानीले 「वसन्त न्यानो」「ग्रीष्म गर्मी」「शरद् शितल」「हिँउद जाडो」 भनेर महसुस गर्छन् ।

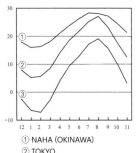

① NAHA (OKINAWA)
② TOKYO
③ ABASHIRI (HOKKAIDO)

8

## IV. व्याकरण व्याख्या

### १. विशेषण

विशेषणले वाक्य पूर्ण गर्न मद्दत गर्दछ र संज्ञाは विशेषणです ले संज्ञालाई परिमार्जन गरेको जनाईन्छ । विशेषण दुई प्रकारका छन् । जापानी भाषामा いविशेषण र なविशेषण कार्य अनुसार परिवर्तन हुन्छ ।

### २.

| **संज्ञा**は な**विशेषण** [な]です<br>**संज्ञा**は い**विशेषण** (～い)です |
|---|

विशेषणका वाक्यहरु सकारात्मक भई, भूतकाल हुँदैन र अन्तिममा です हुन्छ । です ले श्रोतामाथि विनम्रता स्तर जनाइन्छ। दुबै प्रकारका विशेषणहरु です को अगाडि जोडिन्छ । तर なविशेषणको な लाई हटाइन्छ भने いविशेषणको い चाहिँ कायम रहन्छ ।

① ワット先生は 親切です。　(१) वात्तो जी दयालु हुनुहुन्छ ।

② 富士山は 高いです。　(२) फूजी हिमाल अग्लो छ ।

१) なविशेषण [な]じゃ(では) ありません

なविशेषण भूतकाल नभएको नकारात्मकमा लग्दा な हटाएर じゃ(では) ありませんजोडिन्छ ।

③ あそこは 静かじゃ(では) ありません。　(३) त्यहाँ शान्त छैन ।

२) いविशेषण (～い)です → ～くないです

भूतकाल नभएको नकारात्मक いविशेषण पछाडिको い लाई हटाएर くないです जोडिन्छ ।

④ この 本は おもしろくないです。　(४) यो पुस्तक रोचक छैन ।

[सावधानी] いいです को नकारात्मक よくないです हुन्छ ।

३) विशेषणको प्रयोग

| | なविशेषण | いविशेषण |
|---|---|---|
| सकारात्मक अभूतकाल | しんせつです | たかいです |
| नकारात्मक अभूतकाल | しんせつじゃ(では) ありません | たかくないです |

४) विशेषणको प्रयोग गरेर प्रश्न गर्ने तरिका, (पाठ १ हुर्नुहोस्) को संज्ञाको वाक्य र क्रियाको वाक्य (पाठ ४ हेर्नुहोस्) त्यहि तरिकाले प्रश्न गरिन्छ । यस प्रश्नको उत्तर दिंदा विशेषण प्रयोग गरिन्छ । そうです र ちがいます को प्रयोग गरेर उत्तर गर्न सकिंदैन ।

⑤ ペキンは 寒いですか。　(५) बेइजिङ्ग जाडो छ ?
……はい、寒いです。　......अँ, जाडो छ ।

⑥ 奈良公園は にぎやかですか。　(६) नारा पार्कमा चहलपहल छ ?
……いいえ、にぎやかじゃ ありません。　......अ हँ, चहलपहल छैन ।

### ३.

| な**विशेषण**な **संज्ञा**<br>い**विशेषण** (～い) **संज्ञा** |
|---|

जब संज्ञालाई परिमार्जन गर्न विशेषणको प्रयोग हुन्छ । यो संज्ञाको अगाडि प्रयोग हुन्छ । なविशेषणमा な राखिन्छ ।

⑦ ワット先生は 親切な 先生です。 (७) वात्तो शिक्षक दयालु शिक्षक हुनुहुन्छ ।

⑧ 富士山は 高い 山です。 (८) फूजी हिमाल अग्लो हिमाल हो ।

## ४. ～が、～

が ले अगाडि वयान गरेको र, पछाडि वयान गरेको अवस्थालाई विरोधले जोडिन्छ । कर्ता एउटै विशेषण वाक्यांशमा, अगाडिको वक्ताले सहमतिलाई महत्व दिएको आउँछ भने, पछाडि असहमतिलाई महत्व दिएको आउँछ । अर्थात् ठिक उल्टो हुन्छ ।

⑨ 日本の 食べ物は おいしいですが、高いです。

(९) जापानको खाना मिठो छ, तर महँगो छ ।

## ५. とても／あまり

とても र あまり दुईवटै स्तर व्यक्त गर्ने क्रियाविशेषण हो र विशेषणको अगाडि आएर वाक्यशंलाई परिमार्जन गर्दछ । とても「ज्यादै, एकदम」को अर्थ हुन्छ र सकारात्मक वाक्यमा प्रयोग हुन्छ । あまり नकारात्मक वाक्यमा प्रयोग हुन्छ,「त्यति」को अर्थ हुन्छ ।

⑩ ペキンは とても 寒いです。 (१०) बेइजिङ्ग ज्यादै जाडो छ ।

⑪ これは とても 有名な 映画です。 (११) यो एकदम प्रसिद्ध चलचित्र हो ।

⑫ シャンハイは あまり 寒くないです。 (१२) साँघाईमा त्यति जाडो छैन ।

⑬ さくら大学は あまり 有名な 大学じゃ ありません。

(१३) साकुरा विश्वविद्यालय त्यत्ति प्रख्यात छैन ।

## ६. **संज्ञा**は どうですか

संज्ञाは どうですか भनेर प्रश्न गर्दा प्रयोग हुन्छ, जुन श्रोताले अनुभव गरेका, गएका ठाउँ र भेटेका व्यक्ति, माथिको राय र विचार सोध्न प्रयोग हुन्छ ।

⑭ 日本の 生活は どうですか。 (१४) जापानको जीवन कस्तो छ ?

……楽しいです。 ......रमाईलो छ ।

## ७. **संज्ञा१**は どんな **संज्ञा२**ですか

どんな पुछताछ गर्दा सोध्ने शब्द हो, जसको ठाउँ, व्यक्तिको विशेषता र वस्तु जस्ता संज्ञालाई परिमार्जित गरेर प्रश्न गरिन्छ ।

⑮ 奈良は どんな 町ですか。 (१५) नारा कस्तो नगर हो ?

……古い 町です。 ......पुरानो नगर हो ।

## ८. そうですね

そうですね ले पाठ ५ मा स्वीकार वा सहानुभुति जनाउन प्रयोग गरिन्छ । यस पाठमा そうですね ले वार्तालाप गरिरहेको बेला व्यक्तिले केहि सोचिरहेको बुझिन्छ, जस्तै तलको संवाद (१६) मा जस्तै ।

⑯ お仕事は どうですか。 (१६) काम कस्तो छ ?

……そうですね。忙しいですが、おもしろいです。

......अँ......अलिक व्यस्त, तर रोचक छ ।

# पाठ ९

## I. शब्दावली

| | | |
|---|---|---|
| わかります | | बुझ्नु |
| あります | | हुनु, छ |
| | | |
| すき[な] | 好き[な] | मन पर्नु |
| きらい[な] | 嫌い[な] | मन नपर्नु |
| じょうず[な] | 上手[な] | जान्ने |
| へた[な] | 下手[な] | नजान्ने |
| | | |
| のみもの | 飲み物 | पिउने वस्तु |
| りょうり | 料理 | भोजन, पकाइएको भोजन (〜を します : भोजन पकाउनु) |
| スポーツ | | खेल (〜を します : खेल खेल्नु) |
| やきゅう | 野球 | बेसबल (〜を します : बेसबल खेल्नु) |
| ダンス | | नाच (〜を します : नाच्नु) |
| りょこう | 旅行 | भ्रमण (〜[を] します : भ्रमण गर्नु) |
| おんがく | 音楽 | संगीत |
| うた | 歌 | गीत |
| クラシック | | शास्त्रीय संगीत |
| ジャズ | | ज्याज |
| コンサート | | कन्सर्ट (संगीत गोष्ठी) |
| カラオケ | | खाराओके |
| かぶき | 歌舞伎 | खाबुकि (परम्परागत जापानी गीति नाटक) |
| | | |
| え | 絵 | तस्विर, चित्र |
| じ* | 字 | अक्षर |
| かんじ | 漢字 | चिनियाँ अक्षर |
| ひらがな | | हिरागाना लिपि |
| かたかな | | काताकाना लिपि |
| ローマじ* | ローマ字 | रोमन वर्णमाला |
| | | |
| こまかい おかね | 細かい お金 | सानो मुद्रा |
| チケット | | टिकेट |
| | | |
| じかん | 時間 | समय |
| ようじ | 用事 | व्यक्तिगत काम |
| やくそく | 約束 | वाचा (〜[を] します : वाचा गर्नु) |

9

58

| | | |
|---|---|---|
| アルバイト | | पार्ट टाईम काम (～を します：पार्ट टाईम काम गर्नु) |
| ごしゅじん | ご主人 | (अरु कसैको) श्रीमान् |
| おっと／しゅじん | 夫／主人 | (आफ्नो) श्रीमान् |
| おくさん | 奥さん | (अरु कसैको) श्रीमती |
| つま／かない | 妻／家内 | (आफ्नो) श्रीमती |
| こども | 子ども | बच्चा |
| よく | | राम्रो, धेरै |
| だいたい | | लगभग |
| たくさん | | धेरै |
| すこし | 少し | थोरै |
| ぜんぜん | 全然 | कत्तिपनि, पूर्ण (नकारात्मकमा प्रयोग हुन्छ) |
| はやく | 早く、速く | छिटो, चाँडै |
| ～から | | भएकोले ～ |
| どうして | | किन |

9

## 〈練習C〉

| | |
|---|---|
| 貸して ください。 | सापट दिनुहोस् । |
| いいですよ。 | अवश्य । |
| 残念です[が] | दुखित छु [तर]～, दुर्भाग्यबस्～ |

## 〈会話〉

| | |
|---|---|
| ああ | एए |
| いっしょに いかがですか。 | म (हामी) सँग सामेल हुनुहुन्छ ? |
| [～は] ちょっと……。 | [～] अलिकति । (असमर्थन जनाउँदाको अवस्था) |
| だめですか。 | सक्नुहुन्न ? |
| また 今度 お願いします。 | कृपया फेरि अर्को पटक सोध्नुहोला । (सिधै नाइ भन्ने शब्द प्रयोग नगरी अरुको मनमा ठेस नपुर्याओस् भन्नको लागि यस शब्दको प्रयोग गरिन्छ) |

## II. अनुवाद

### वाक्यको संरचना

१. मलाई इटालियन खाना मन पर्छ ।
२. मलाई जापानी भाषा अलिकति थाहा छ ।
३. आज बच्चाको जन्मदिन भएकोले छिटो फर्किन्छु ।

### वाक्यको उदाहरण

१. रक्सी मनपर्छ ?
......अहँ, मन पर्दैन ।
२. कस्तो खेलकुद मनपर्छ ?
......फुटबल मनपर्छ ।
३. करिना जी चित्रमा सिपालु हुनुहुन्छ ?
......हो, करिना जी एकदम सिपालु हुनुहुन्छ ।
४. तानाखा जी इन्डोनेशियाली भाषा थाहा छ ?
......अहँ, बिलकुलै थाहाछैन ।
५. खुद्रा पैसा छ ?
......अहँ, छैन ।
६. हरेक बिहान पत्रिका पढ्नुहुन्छ ?
......अहँ, समय नभएकोले पढ्दिन ।
७. किन हिजो छिटो फर्किनुभएको थियो ?
......व्यक्तिगत काम थियो त्यसैले ।

### संवाद

#### अफसोच लाग्यो

किमुरा: हजुर ।
मिलर: किमूरा जी हो ? मिलर हो ।
किमुरा: मिलर जी शुभ सन्ध्या । सन्चै हुनुहुन्छ ?
मिलर: सन्चै छु ।
किमूरा जी, शास्त्रीय कन्सर्टमा संगै जानुहुन्छ ?
किमुरा: राम्रो है । कहिले हो ?
मिलर: अर्को हफ्ता शुक्रबारको राति हो ।
किमुरा: शुक्रबार हो र ।
शुक्रबारको राति अलिकति...... ।
मिलर: हुँदैन हो ?
किमुरा: अँ, अफसोच लाग्यो, त्यो समयमा साथीसंग वाचा गरेकोले...... ।
मिलर: हो र ।
किमुरा: पछि फेरि बोलाउनुहोस् ।

## III. उपयोगी शब्द र जानकारी

### 音楽・スポーツ・映画　सङ्गीत खेल र चलचित्र

**音楽** सङ्गीत

| | |
|---|---|
| ポップス | पप् |
| ロック | रक |
| ジャズ | ज्याज |
| ラテン | ल्याटिन अमेरिकन सङ्गीत |
| クラシック | शास्त्रीय सङ्गीत |
| 民謡 | लोक सङ्गीत |
| 演歌 | परम्परागत जापानी लोकप्रिय गित |
| ミュージカル | म्युजिकल |
| オペラ | ओपेरा |

**映画** चलचित्र

| | |
|---|---|
| SF | काल्पनिक विज्ञानको चलचित्र |
| ホラー | त्रासदित चलचित्र |
| アニメ | कार्टुन चलचित्र |
| ドキュメンタリー | वृत्तचित्र |
| 恋愛 | प्रेमलाप सम्बन्धी चलचित्र |
| ミステリー | रहस्यमय चलचित्र |
| 文芸 | सांस्कृतिक सन्दर्भमा बनाईएको चलचित्र |
| 戦争 | युद्ध सम्बन्धी चलचित्र |
| アクション | भिडन्त चलचित्र |
| 喜劇 | हाँस्य चलचित्र |

**9**

61

**スポーツ** खेल

| | | | |
|---|---|---|---|
| ソフトボール | सफ्ट बल | 野球 | बेसबल |
| サッカー | फुटबल | 卓球／ピンポン | टेबल टेनिस |
| ラグビー | रग्बी | 相撲 | सुमो |
| バレーボール | भलिबल | 柔道 | जुडो |
| バスケットボール | बास्केटबल | 剣道 | जापानी फेन्सिङ |
| テニス | टेनिस | 水泳 | पौडी |
| ボウリング | बलिङ | | |
| スキー | स्किइङ | | |
| スケート | स्केटिङ | | |

# IV. व्याकरण व्याख्या

१. 
> | संज्ञा が あります／わかります |
> | संज्ञा が 好きです／嫌いです／上手です／下手です |

केही क्रिया र विशेषणका कर्ममा が विभक्ति प्रयोग हुन्छ ।

① わたしは イタリア料理が 好きです。    (१) मलाई इटाली खाना मनपर्छ ।

② わたしは 日本語が わかります。    (२) मलाई जापानी भाषा थाहा छ ।

③ わたしは 車が あります。    (३) म संग गाडी छ ।

२. 
> | どんな संज्ञा |

どんな को प्रयोग गरी प्रश्नमा, पाठ ८ मा गरेको उत्तर बाहेक ठोस नाम दिएर उत्तर दिन सकिन्छ ।

④ どんな スポーツが 好きですか。    (४) कुन खेल मनपर्छ ।

……サッカーが 好きです。    …… फुटबल मनपर्छ ।

३. 
> | よく／だいたい／たくさん／少し／あまり／全然 |

यस क्रियाविशेषणलाई क्रियाको परिमार्जन गर्न प्रयोग गरिन्छ ।

| | स्थितिको क्रियाविशेषण | मात्राको क्रियाविशेषण |
|---|---|---|
| सकारात्मकका साथमा प्रयोग | よく わかります<br>だいたい わかります<br>すこし わかります | たくさん あります<br>すこし あります |
| नकारात्मकका साथमा प्रयोग | あまり わかりません<br>ぜんぜん わかりません | あまり ありません<br>ぜんぜん ありません |

⑤ 英語が よく わかります。    (५) म अंग्रेजी भाषा राम्ररी बुझ्दछु ।

⑥ 英語が 少し わかります。    (६) म अंग्रेजी भाषा थोरै बुझ्दछु ।

⑦ 英語が あまり わかりません。    (७) म अंग्रेजी भाषा राम्ररी बुझ्दिन ।

⑧ お金が たくさん あります。    (८) मसंग धेरै पैसा छ ।

⑨ お金が 全然 ありません。    (९) मसंग पैसा अलिकति पनि छैन ।

[सावधानी] すこし, ぜんぜん, あまり ले विशेषणलाई परिमार्जन गरिन्छ ।

⑩ ここは 少し 寒いです。    (१०) यहाँ अलिकति चिसो छ ।

⑪ あの 映画は 全然 おもしろくないです。 (११) त्यो चलचित्र अलिकति पनि रोचक छैन ।

9

62

## ४. 〜から、〜

から को अगाडिको बर्णनले, पछाडिको बर्णनको कारण जनाइन्छ ।

⑫ 時間が ありませんから、新聞を 読みません。

(१२) समय नभएकोले पत्रिका पढ्दिन ।

〜から बाट कारण पनि थप्न मिल्दछ ।

⑬ 毎朝 新聞を 読みますか。

……いいえ、読みません。時間が ありませんから。

(१३) तपाई हरेक बिहान पत्रिका पढ्नुहुन्छ ?

......अहँ, म पढ्दिन । म संग समय छैन, त्यसैले ।

## ५. どうして

どうして शब्द किन भनेर प्रश्न गर्दा प्रयोग गरिन्छ । उत्तर दिंदा वाक्यको अन्तमा から लेखेर कारण जनाइन्छ ।

⑭ どうして 朝 新聞を 読みませんか。

……時間が ありませんから。

(१४) तपाईं किन बिहान पत्रिका पढ्नुहुन्न ?

......म संग समय छैन, त्यसैले ।

विपक्षले भनेको कारण सोध्नुपऱ्यो भने, どうしてですか प्रश्न गरी त्यहि वाक्य फेरि दोहोऱ्याउन नपर्ने गरी सोध्न सकिन्छ ।

⑮ きょうは 早く 帰ります。

……どうしてですか。

子どもの 誕生日ですから。

(१५) म आज छिटो घर फर्किन्छु ।

......किन होला ?

मेरो छोराको जन्मदिन भएकोले ।

# पाठ १०

## I. शब्दावली

| | | |
|---|---|---|
| あります | | छ (निर्जीव वस्तुलाई जनाउँदा प्रयोग हुन्छ) |
| います | | हुनुहुन्छ (सजिव वस्तुलाई जनाउँदा प्रयोग हुन्छ) |
| いろいろ[な] | | विभिन्न |
| おとこの ひと | 男の 人 | लोग्ने मान्छे |
| おんなの ひと | 女の 人 | स्वास्नी मान्छे |
| おとこの こ | 男の 子 | केटा |
| おんなの こ | 女の 子 | केटी |
| いぬ | 犬 | कुकुर |
| ねこ | 猫 | बिरालो |
| パンダ | | पान्डा |
| ぞう | 象 | हात्ती |
| き | 木 | रुख |
| もの | 物 | चिज |
| でんち | 電池 | ब्याट्री |
| はこ | 箱 | बाकस |
| スイッチ | | स्विच |
| れいぞうこ | 冷蔵庫 | फ्रीज |
| テーブル | | टेबल |
| ベッド | | ओछ्यान |
| たな | 棚 | तखता |
| ドア | | ढोका |
| まど | 窓 | झ्याल |
| ポスト | | पोस्ट बक्स (पत्र पेटिका) |
| ビル | | भवन |
| ATM | | ए टि एम |
| コンビニ | | सुबिधा (कम्बिनी) स्टोर |
| こうえん | 公園 | पार्क |
| きっさてん | 喫茶店 | क्याफे, चिया पसल |
| ～や | ～屋 | ～पसल, ～स्टोर |
| のりば | 乗り場 | बस स्टप |
| けん | 県 | प्रान्त |

10

| | | |
|---|---|---|
| うえ | 上 | माथि |
| した | 下 | तल |
| まえ | 前 | अगाडि |
| うしろ | | पछाडि |
| みぎ | 右 | दायाँ |
| ひだり | 左 | बायाँ |
| なか | 中 | भित्र |
| そと* | 外 | बाहिर |
| となり | 隣 | आडमा, सगैं |
| ちかく | 近く | नजिक |
| あいだ | 間 | बिचमा |
| ～や ～[など] | | ～र～इत्यादि |

### 〈会話（かいわ）〉

| | |
|---|---|
| [どうも] すみません。 | धन्यबाद । |
| ナンプラー | नाम्पुरा (एकप्रकारको सस्) |
| コーナー | कुना, सुपरमार्केटको एक बिभाग |
| いちばん 下（した） | पिंधमा |

.....................................................................................................

| | |
|---|---|
| 東京（とうきょう）ディズニーランド | टोक्यो डिज्नील्याण्ड |
| アジアストア | काल्पनिक सुपर मार्केट |

10

## II. अनुवाद

### वाक्यको संरचना

१. उ त्यहाँ कम्बिनी स्टोर छ ।
२. लबिमा सातोउ जी हुनुहुन्छ ।
३. टोकियो डिज्नील्याण्ड चिबा प्रान्तमा छ ।
४. परिवार न्युयोर्कमा हुनुहुन्छ ।

### वाक्यको उदाहरण

१. यस भवनमा ए टि एम छ ?
......अँ, २ तलामा छ ।
२. उ त्यहाँ केटा मान्छे छ है । उहाँ को हो ?
......आई एम सीको माचुमोतो जी हो ।
३. बगैंचामा को हुनुहुन्छ ?
......कोहि पनि हुनुहुन्न । बिरालो छ ।
४. बाकस भित्र के छ ?
......पुरानो चिठी र फोटो इत्यादि छन् ।
५. हुलाक कहाँ छ ?
......स्टेसन नजिकै छ । बैंकको अगाडि छ ।
६. मिलर जी कहाँ हुनुहुन्छ ?
......बैठक कोठामा हुनुहुन्छ ।

### संवाद

**नान्पुरा छ**

मिलर: माफ गर्नुहोस् । आजिया स्टोर कहाँ छ ?
महिला: आजिया स्टोर हो ?
उ त्यहाँ सेतो भवन छ है ।
उ त्यो भवनको भित्र छ ।
मिलर: हो र । धन्यवाद ।
महिला: केहि छैन ।

..........................................................................

मिलर: नान्पुरा छ ?
पसलको कर्मचारी: छ ।
उ त्यहाँ थाई खानाको कर्नर छ ।
नाम्पुरा सबभन्दा तल छ ।
मिलर: बुझें । धन्यवाद ।

## III. उपयोगी शब्द र जानकारी

### うちの 中（なか）　घरभित्र

| | | | | |
|---|---|---|---|---|
| ① 玄関（げんかん） | प्रवेश द्वार | ⑥ 食堂（しょくどう） | खाना खाने कोठा |
| ② トイレ | शौचालय | ⑦ 居間（いま） | बैठक कोठा |
| ③ ふろ場（ば） | नुहाउने कोठा | ⑧ 寝室（しんしつ） | सुत्ने कोठा |
| ④ 洗面所（せんめんじょ） | मुखधुने ठाँउ | ⑨ 廊下（ろうか） | लवि |
| ⑤ 台所（だいどころ） | भान्छा कोठा | ⑩ ベランダ | बार्दली |

**10**

### जापानी तातोपानीमा बस्ने तरिका

(१) तातोपानीमा पस्नु अगाडि नुहाउनु पर्छ ।

(२) तातोपानी भित्र साबुन र स्याम्पु प्रयोग नगर्ने । तातोपानी भनेको आफुलाई तातो पार्ने र आनन्द लिने ठाँउ हो ।

(३) तातोपानीबाट निस्कने बेला पछि पस्ने व्यक्तिको लागि पानीलाई नफाली बिर्को राखेर निस्कने ।

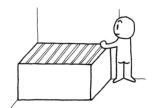

### शौचालय प्रयोग गर्ने तरिका

जापानी ढाँचा

पश्चिमी ढाँचा

## IV. व्याकरण व्याख्या

### १. संज्ञाが あります／います

あります, います ले वस्तु वा व्यक्ति इत्यादिको अस्तित्व जनाउँदछ । यस वाक्यमा वस्तु वा व्यक्तिको अस्तित्व जस्ताको त्यस्तै वर्णन गरी प्रस्तुत गर्दछ, यसरी अस्तित्व जनाउने संज्ञामा が को प्रयोग गर्दछ ।

१) あります को प्रयोग वस्तु, विरुवाको अस्तित्वको लागि प्रयोग हुन्छ ।

① コンピューターが あります。　(१) कम्प्युटर छ ।
② 桜が あります。　(२) पैयुँ (चेरी) को रुख छ ।
③ 公園が あります。　(३) पार्क छ ।

२) います को प्रयोग मानिस, जनावरहरु जस्ता अस्तित्वमा रहि आफै सर्ने चिजहरुमा प्रयोग हुन्छ ।

④ 男の 人が います。　(४) केटा मान्छे छ ।
⑤ 犬が います。　(५) कुकुर छ ।

### २. स्थानに संज्ञाが あります／います

यस वाक्यको बनावटले त्यस स्थानमा के र को छ भनेर वयान गरिन्छ ।

१) विभक्ति に को प्रयोग वस्तु र व्यक्ति कहाँ छ भनेर जनाउँदछ ।

⑥ わたしの 部屋に 机が あります。　(६) मेरो कोठामा टेबुल छ ।
⑦ 事務所に ミラーさんが います。　(७) कार्यालयमा मिलर जी हुनुहुन्छ ।

२) अस्तित्वमा रहेको वस्तुको बारेमा सोध्नको लागि, प्रश्नमा なに शब्द प्रयोग गर्दछ । अस्तित्वमा रहेको व्यक्तिको बारेमा सोध्नको लागि प्रश्नमा だれ शब्द प्रयोग गरिन्छ ।

⑧ 地下に 何が ありますか。　(८) जमिनमुनि के छ ?
……レストランが あります。　...... रेष्टुरेन्ट छ ।
⑨ 受付に だれが いますか。　(९) रिसेप्सनमा को हुनुहुन्छ ?
……木村さんが います。　...... किमुरा जी हुनुहुन्छ ।

[सावधानी] माथिका उदाहरण बाहेक, प्रश्न गर्दा प्रश्नवाचक शब्दको पछाडि विभक्ति が को प्रयोग हुन्छ ।
(× なには　× だれは)

### ३. संज्ञाは स्थानに あります／います

यसमा २. को जस्तै स्थानमाに र संज्ञाが あります／います ले (अस्तित्व रहेको) विषयको अवस्था लाई वयान गर्ने वाक्य हो । संज्ञाको पछाडि は राखेर वाक्यको अगाडि राखिन्छ । संज्ञा लाई चाहिं वक्ता र श्रोता दुबैले थाहा भएको हुन्छ ।

⑩ 東京ディズニーランドは 千葉県に あります。
(१०) टोकियो डिज्नील्याण्ड चिबा प्रान्तमा छ ।
⑪ ミラーさんは 事務所に います。　(११) मिलर जी कार्यालयमा हुनुहुन्छ ।
⑫ 東京ディズニーランドは どこに ありますか。
……千葉県に あります。
(१२) टोकियो डिज्नील्याण्ड कहाँ छ ?
......चिबा प्रान्तमा छ ।

⑬　ミラーさんは　どこに　いますか。　　(१३) मिलर जी कहाँ हुनुहुन्छ ?
……事務所に　います。　　......कार्यालयमा हुनुहुन्छ ।

[सावधानी] यस वाक्यको बनावटमा संज्ञाは स्थानです (पाठ ३) को वाक्यलाई प्रतिस्थापन गर्न सकिन्छ । यस अवस्था, です को अगाडी पछाडि (どこ) वा संज्ञा (ちばけん) को प्रश्नवाचक に राख्दैन यसमा ध्यान दिनुपर्छ ।

⑭　東京ディズニーランドは　どこですか。　　(१४) टोकियो डिज्नील्याण्ड कता हो ?
……千葉県です。　　......चिबा प्रान्त हो ।

## ४. संज्ञा₁ (वस्तु, व्यक्ति, स्थान) の संज्ञा₂ (स्थान)

うえ, した, まえ, うしろ, みぎ, ひだり, なか, そと, となり, ちかく, あいだ जस्ता संज्ञा₂ ले दिशा वा स्थानको प्रतिनिधित्व गरिन्छ । संज्ञा₁ ले स्थानसंग सम्बन्धित हुन्छ ।

⑮　机の　上に　写真が　あります。　　(१५) टेबुलको माथि फोटो छ ।
⑯　郵便局は　銀行の　隣に　あります。　　(१६) हुलाक बैंकको संगै छ ।
⑰　本屋は　花屋と　スーパーの　間に　あります。
(१७) पुस्तक पसल फूल पसल र सुपरमार्केटको बिचमा छ ।

[सावधानी] यस प्रकार स्थान जनाउने संज्ञा जस्तै, विभक्ति で राख्यो भने कार्य गर्ने स्थानको प्रतिनिधित्व गर्न सकिन्छ ।

⑱　駅の　近くで　友達に　会いました。　　(१८) स्टेसन नजिक साथीलाई भेटें ।

## ५. संज्ञा₁や संज्ञा₂

पाठ ४ मा अधययन गरेका विभक्ति と लाई, सबै संज्ञा समानान्तर रुपमा व्यवस्थित गर्न प्रयोग गरिन्छ । विभक्ति や को प्रयोग दुई वा सो भन्दा समानान्तर वाक्यमा लागू हुन्छ । अन्तिमको संज्ञासंग など को प्रयोग गरी अन्य संज्ञाहरु पनि छन् भनेर स्पष्टता जनाउनको लागि पनि प्रयोग गरिन्छ ।

⑲　箱の　中に　手紙や　写真が　あります。　　(१९) बाकस भित्र चिठी फोटो छन् ।
⑳　箱の　中に　手紙や　写真などが　あります。
(२०) बाकस भित्र चिठी र फोटो ईत्यादि छन् ।

## ६. アジアストアですか

यस पाठको पहिलो अनुच्छेदमा यस वार्ताको प्रयोग गरिएको छ ।

㉑　すみません。アジアストアは　どこですか。
……アジアストアですか。(中略) あの　ビルの　中です。
(२१) माफ गर्नुहोस् । आजिया स्टोर कहाँ छ ?
......आजिया स्टोर हो ? (छोट्याएको) उ त्यो भवनको भित्र छ ।

वास्तविक कुराकानीमा यसरी तुरुन्तै प्रश्नको जवाफ नदिई विपक्षलाई त्यस प्रश्नको बिन्दुलाई पुष्टि गरेर जवाफ दिन्छ ।

# पाठ ११

## I. शब्दावली

| | | |
|---|---|---|
| います | | छ [बच्चा] |
| [こどもが～] | [子どもが～] | |
| います | | छ, छु [जापानमा] |
| [にほんに～] | [日本に～] | |
| かかります | | लाग्नु (समय वा पैसा लाग्नु) |
| やすみます | 休みます | बिदा लिनु [काम] |
| [かいしゃを～] | [会社を～] | |
| | | |
| ひとつ | 1つ | १ वटा (केहि वस्तुहरु गन्दा प्रयोग हुन्छ) |
| ふたつ | 2つ | २ वटा |
| みっつ | 3つ | ३ वटा |
| よっつ | 4つ | ४ वटा |
| いつつ | 5つ | ५ वटा |
| むっつ | 6つ | ६ वटा |
| ななつ | 7つ | ७ वटा |
| やっつ | 8つ | ८ वटा |
| ここのつ | 9つ | ९ वटा |
| とお | 10 | १० वटा |
| いくつ | | कति वटा |
| | | |
| ひとり | 1人 | एक जना |
| ふたり | 2人 | दुइ जना |
| －にん | －人 | －जना |
| | | |
| －だい | －台 | －वटा (मिसिन, कार, आदि गन्दा प्रयोग हुन्छ) |
| －まい | －枚 | －वटा, पाना (कागज, टिकट, आदि गन्दा प्रयोग हुन्छ) |
| －かい | －回 | －पटक, चोटी |
| | | |
| りんご | | स्याउ |
| みかん | | सुन्तला |
| サンドイッチ | | स्यान्डविच |
| カレー[ライス] | | तरकारी [भात संग] |
| アイスクリーム | | आईसक्रिम |
| | | |
| きって | 切手 | डाक (हुलाक) टिकट |
| はがき | | पोस्टकार्ड |
| ふうとう | 封筒 | खाम |

70

11

| | | |
|---|---|---|
| りょうしん | 両親 | आमाबुबा |
| きょうだい | 兄弟 | दाजुभाई र दिदीबहिनी |
| あに | 兄 | (मेरो) दाजु |
| おにいさん* | お兄さん | (अरु कसैको) दाजु |
| あね | 姉 | (मेरो) दिदी |
| おねえさん* | お姉さん | (अरु कसैको) दिदी |
| おとうと | 弟 | (मेरो) भाइ |
| おとうとさん* | 弟さん | (अरु कसैको) भाइ |
| いもうと | 妹 | (मेरो) बहिनी |
| いもうとさん* | 妹さん | (अरु कसैको) बहिनी |
| | | |
| がいこく | 外国 | विदेश |
| | | |
| りゅうがくせい | 留学生 | विदेशी विद्यार्थी |
| クラス | | कक्षा |
| | | |
| －じかん | －時間 | －घण्टा |
| －しゅうかん | －週間 | －हप्ता |
| －かげつ | －か月 | －महिना |
| －ねん | －年 | －बर्ष, साल |
| ～ぐらい | | लगभग～ |
| どのくらい | | कति (कति समय) |
| | | |
| ぜんぶで | 全部で | कुल मा, सबैगरी |
| みんな | | सबै, सबै थोक, सबै जना |
| ～だけ | | ～मात्र |

### 〈練習C〉

| | |
|---|---|
| かしこまりました。 | हजुर, थाहा पाएँ। (सेवागर्ने कर्मचारीले「わかりました」को अर्थ लगाएर भन्ने शब्द) |

### 〈会話〉

| | |
|---|---|
| いい ［お］天気ですね。 | राम्रो मौसम, हगि ? |
| お出かけですか。 | तपाईं बाहिर जाँदै हुनुहुन्छ ? |
| ちょっと ～まで。 | एक्कै छिन् जाँदैछु～। |
| 行って らっしゃい。 | गएर आउनुहोस्। |
| 行って きます。 | गएर आउँछु। |
| 船便 | सामुन्द्रिक डाक |
| 航空便（エアメール） | हवाई डाक |
| お願いします。 | कृपया। (कसैले आफ्नो काम गर्नलाग्दा) |

---

| | |
|---|---|
| オーストラリア | अस्ट्रेलिया |

11

## II. अनुवाद

### वाक्यको संरचना

१. बैठक कोठामा ७ वटा टेबुल छन् ।

२. म १ बर्ष जापानमा बस्छु ।

### वाक्यको उदाहरण

१. स्याउ कतिवटा किन्नुभयो ?
   ......४ वटा किने ।

२. ८० येनको हुलाक टिकेट ५ वटा र पोष्टकार्ड २ वटा दिनुस् ।
   ......हुन्छ । सबै गरेर ५०० येन भयो ।

३. फूजि विश्वविद्यालय बिदेशी शिक्षक हुनुहुन्छ ?
   ......हजुर, ३ जना हुनुहुन्छ । सबै अमेरिकी नागरिक हुनुहुन्छ ।

४. दाजुभाइ कति जना हुनुहुन्छ ?
   ......४ जना छन् । दिदीहरु २ जना र दाई १ जना छन् ।

५. १ हप्तामा कतिचोटि टेनिस खेल्नुहुन्छ ?
   ......२ चोटि खेल्छु ।

६. तानाखा जी कतिजति स्पेनी भाषा अध्ययन गर्नुभयो ?
   ......३ महिना अध्ययन गरें ।
   ३ महिना मात्र हो र ? सिपालु हुनुहुन्छ है ।

७. ओसाकाबाट टोकियोसम्म बुलेट रेलबाट कति समय लाग्छ ?
   ......साढे २ घण्टा लाग्छ ।

**11**

### संवाद

# यो अनुरोध गर्छु

म्यानेजर: राम्रो मौसम है । बाहिर जान लाग्नु भएको हो ?

वान: अँ, एकछिन हुलाकसम्म ।

म्यानेजर: हो र ? गएर आउनुस् है ।

वान: गएर आउँछु ।

...........................................

वान: यो, अष्ट्रेलियासम्म पठाईदिनुहोस् ।

हुलाक कर्मचारी: हुन्छ । जलमार्ग होकि हवाईमार्ग हो ?

वान: हवाईमार्ग हो । कति पर्छ ?

हुलाक कर्मचारी: ७,६०० येन पर्छ ।

वान: जलमार्ग चाहिँ ?

हुलाक कर्मचारी: ३,४५० येन पर्छ ।

वान: कति दिन लाग्छ ?

हुलाक कर्मचारी: हवाईमार्ग ७ दिन, जलमार्ग २ महिना जति लाग्छ ।

वान: त्यसोभए, जलमार्ग गरिदिनुस् ।

## III. उपयोगी शब्द र जानकारी

### メニュー　　मेनु

| | |
|---|---|
| 定食 | सेट खाना |
| ランチ | सेट लन्च पश्चिमी तरिका |
| 天どん | एक कचौरा भात माथि तारेको माछा र तरकारी |
| 親子どん | एक कचौरा भात माथि तारेको कुखुराको मासु र अण्डा |
| 牛どん | एक कचौरा भात माथि गाईको मासु |
| 焼き肉 | पोलेको मासु |
| 野菜いため | भुटेको तरकारी |
| 漬物 | अचार |
| みそ汁 | मिसो सुप |
| おにぎり | डल्लो पारेको भात (ओनिगिरी) |

| | |
|---|---|
| てんぷら | तारेको सामुन्द्रिक खाना र तरकारी |
| すし | भिनेगर भात र काँचो माछा |
| うどん | पीठोबाट बनाएको जापानी चाउचाउ |
| そば | फापरबाट बनाएको जापानी चाउचाउ |
| ラーメン | चिनियाँ तरिकाबाट बनाइएको मासु र तरकारी राखिएको चाउचाउ |
| 焼きそば | चिनियाँ तरिकाबाट बनाइएको बङ्गुर र तरकारी राखेर भुटेको चाउचाउ |
| お好み焼き | मासु तरकारी र अण्डा राखेर पोलेको रोटी |

| | |
|---|---|
| カレーライス | तरकारी र भात |
| ハンバーグ | ह्यमबर्ग स्टेक |
| コロッケ | कोरोक्के |
| えびフライ | तारेको झिंगे माछा |
| フライドチキン | तारेको कुखुराको मासु |
| サラダ | सलाद |
| スープ | सुप |
| スパゲッティ | स्पागेटी |
| ピザ | पिजा |
| ハンバーガー | बर्गर |
| サンドイッチ | स्यान्डविच |
| トースト | टोस्ट |

| | |
|---|---|
| コーヒー | कफी |
| 紅茶 | कालो चिया |
| ココア | कोकोआ |
| ジュース | जुस |
| コーラ | कोला |

# IV. व्याकरण व्याख्या

## १. अंक गणना गर्ने तरिका

१) १ ~१० गणना गर्ने तरिका ひとつ, ふたつ, ……とお वस्तु गणना गर्ने तरिका पनि यहि अनुसार गनिन्छ, ११ देखि गणना गर्दा अंक गणना अनुसार गनिन्छ ।

२) बिभिन्न प्रत्यय
व्यक्ति र वस्तु गणना गर्ने बेला अंक जनाउन वस्तु अनुसार जोडिने प्रत्यय फरक हुन्छ । प्रत्यय चाहिँ गणना गरेको अंकको पछाडि प्रयोग गर्दछ ।

| | |
|---|---|
| 一人<br>にん | व्यक्ति । तर १ जनामा ひとり (1人), २ जनामा ふたり (2人), 4 人 लाई よにん पढिन्छ । |
| 一台<br>だい | मेशिन र यातायातको साधन |
| 一枚<br>まい | पातलो कागज जस्तो, शर्ट, प्लेट र सी डी इत्यादि |
| 一回<br>かい | बारम्बार हुनु, पटक पटक |
| 一分<br>ふん | मिनेट |
| 一時間<br>じかん | घण्टा |
| 一日<br>にち | दिन (यसलाई गणना गर्दा दिन गणना गरे जस्तै गरिन्छ, १ दिनलाई ついたち नभई いちにち भनेर गनिन्छ ।) |
| 一週間<br>しゅうかん | हप्ता |
| 一か月<br>げつ | महिना |
| 一年<br>ねん | बर्ष |

## २. संख्या विशेषण प्रयोग गर्ने तरिका

१) संख्या विशेषण (अंकको प्रत्ययमा) अंकको पछाडि राखिन्छ, मुख्यतया संज्ञाको प्रकार अनुसार संख्या विशेषणको निर्णय गरिएको + विभक्तिको ठिक पछाडि राखिन्छ । तर, समयको लम्बाईमा संख्या विशेषण प्रयोग हुन्छ भने निश्चित छैन ।

① りんごを 4つ 買いました。
(१) स्याउ ४ वटा किने ।

② 外国人の 学生が 2人 います。
(२) विदेशी विद्यार्थी २ जना छन् ।

③ 国で 2か月 日本語を 勉強しました。
(३) आफ्नो देशमा २ महिना जापानी भाषा अध्ययन गरें ।

२) कति भनेर सोध्ने बेला

<१> いくつ
१-१ को गणना गर्ने बेला, कति भनेर सोध्ने बेला いくつ भनेर सोधिन्छ ।

④ みかんを いくつ 買いましたか。
……8つ 買いました。
(४) सुन्तला कतिवटा किन्नुभयो ?
……८ वटा किने ।

<२> なん + प्रत्यय
१-२ को जस्तो प्रत्यय जोडिएका अंक सोध्ने बेलामा なん + प्रत्यय प्रयोग गरिन्छ ।

74

11

⑤　この 会社に 外国人が 何人 いますか。
……５人 います。

(५) यस कम्पनीमा विदेशी कर्मचारी कति जना छन् ?

......५ जना छन् ।

⑥　毎晩 何時間 日本語を 勉強しますか。
……２時間 勉強します。

(६) हरेक राति कति घण्टा जापानी भाषा अध्ययन गर्नुहुन्छ ?

......२ घण्टा अध्ययन गर्छु ।

<३> どのくらい

どのくらい ले कति समय लाग्छ भनेर सोध्नको लागि प्रयोग गरिन्छ ।

⑦　どのくらい 日本語を 勉強しましたか。
…３年 勉強しました。

(७) जापानी भाषा कति अध्ययन गर्नु भयो ?

......३ बर्ष अध्ययन गरें ।

⑧　大阪から 東京まで どのくらい かかりますか。
……新幹線で ２時間半 かかります。

(८) ओसाकाबाट टोकियोसम्म कति समय लाग्छ ?

......सिनखानसेनबाट साढे २ घण्टा लाग्छ ।

३) ～ぐらい

ぐらい लाई संख्या विशेषणको पछाडि जोडिन्छ र अन्दाजी (लगभग) भनेर जनाइन्छ ।

⑨　学校に 先生が 30人ぐらい います。

(९) विद्यालयमा शिक्षक लगभग ३० जना जति छन् ।

⑩　15分ぐらい かかります。　　(१०) लगभग १५ मिनेट लाग्छ ।

## ३. संख्या विशेषण (अवधि)に －回 क्रिया

यसले अभिव्यक्तिले कति पटक भनेर जनाउदछ ।

⑪　１か月に ２回 映画を 見ます。　　(११) १ महिनामा २ पटक चलचित्र हेर्छु ।

## ४. संख्या विशेषणだけ र संज्ञाだけ

だけ को प्रयोग संख्या विशेषण वा संज्ञाको पछाडि राखी, अन्य केहि छैन भनेर बुझिन्छ ।

⑫　パワー電気に 外国人の 社員が １人だけ います。

(१२) विधुतिय पावर कम्पनीमा विदेशी कर्मचारी १ जना हुनुहुन्छ ।

⑬　休みは 日曜日だけです。　　(१३) बिदा आइतबार मात्र हो ।

# पाठ १२

## I. शब्दावली

| | | |
|---|---|---|
| かんたん［な］ | 簡単［な］ | सजिलो, सरल |
| ちかい | 近い | नजिक |
| とおい* | 遠い | टाढा |
| はやい | 速い、早い | छिटो, सबेरै |
| おそい* | 遅い | विस्तारै, ढिलो |
| おおい | 多い | धेरै [～मान्छे] |
| ［ひとが～］ | ［人が～］ | |
| すくない* | 少ない | केहि, थोरै |
| ［ひとが～］ | ［人が～］ | [～मान्छे] |
| あたたかい | 暖かい、温かい | न्यानो, तातो |
| すずしい | 涼しい | शितल चिसो |
| あまい | 甘い | गुलियो |
| からい | 辛い | पिरो (स्वाद) |
| おもい | 重い | भारी, गन्हुनगो |
| かるい* | 軽い | हलुका |
| いい | | चाहनु [कफी～] |
| ［コーヒーが～］ | | |

76

12

| | | |
|---|---|---|
| きせつ | 季節 | मौसम, ऋतु |
| はる | 春 | वसन्त ऋतु |
| なつ | 夏 | गर्मी, ग्रीष्म ऋतु |
| あき | 秋 | शरद ऋतु |
| ふゆ | 冬 | हिउँद ऋतु |
| てんき | 天気 | मौसम |
| あめ | 雨 | वर्षा, पानी |
| ゆき | 雪 | हिउँ |
| くもり | 曇り | बादल लागेको |
| ホテル | | होटेल |
| くうこう | 空港 | हवाई अड्डा (एअरपोर्ट) |
| うみ | 海 | समुन्द्र, महासागर |
| せかい | 世界 | संसार |
| パーティー | | पार्टी, भोज (～を します : भोज दिनु) |
| ［お］まつり | ［お］祭り | चाड |

| | | |
|---|---|---|
| すきやき* | すき焼き | सुकियाकी (गाईको मासु र तरकारी उमालेर खाने) |
| さしみ* | 刺身 | सासिमी (काँचो माछा) |
| [お]すし | | सुशी (भातको माथि काँचो माछा हालेको) |
| てんぷら | | तेम्पुरा (समुन्द्री खाना र काँचो तरकारीहरु तेलमा फुराको) |
| ぶたにく* | 豚肉 | सुँगुरको मासु |
| とりにく | とり肉 | कुखुराको मासु |
| ぎゅうにく | 牛肉 | गाईको मासु |
| レモン | | कागती |
| いけばな | 生け花 | फूल सजाउनु (～を します：फूल सजाउनु अभ्यास गर्नु) |
| もみじ | 紅葉 | फिरफिरे (मोमिजि) शरद ऋतुमा हुने रातो पातहरु |
| どちら | | कुन चाँहि (दुई ओटा वस्तु बाट रोज्दा) |
| どちらも | | दुबै |
| いちばん | | सबै भन्दा |
| ずっと | | एकदम ठूलो भन्ने जनाउँछ |
| はじめて | 初めて | पहिलो पटक |

77

<会話>

| | |
|---|---|
| ただいま。 | आइपुगें। (घर मा फर्किंदा भन्ने शब्द) |
| お帰りなさい。 | घरमा स्वागत छ। (तादाइमा को जवाफ मा फर्काउने शब्द) |
| わあ、すごい 人ですね。 | वा! धेरै मान्छेहरु है। |
| 疲れました。 | थाकें। |

- - - - - - - - - - - - - - - - - - - - - - - - - - - - - - - - - - - - - - - - - - - -

| | |
|---|---|
| 祇園 祭 | गिओन मचुरी (क्योतोमा हुने प्रख्यात चाड) |
| ホンコン | हङ्कङ् (香港) |
| シンガポール | सिंगापुर |
| ABC ストア | काल्पनिक सुपर मार्केट |
| ジャパン | काल्पनिक सुपर मार्केट |

12

## II. अनुवाद

### वाक्यको संरचना

१. हिजो पानी परेको थियो ।
२. हिजो जाडो थियो ।
३. होक्काईडो क्यूस्यू भन्दा ठूलो छ ।
४. मलाई १ बर्षमा गर्मी मौसम एकदम मनपर्छ ।

### वाक्यको उदाहरण

१. क्योटो शान्त थियो ?
......अहँ, शान्त थिएन ।
२. भ्रमण रमाईलो थियो ?
......अँ, रमाईलो थियो ।
मौसम राम्रो थियो ?
......अहँ, त्यति राम्रो थिएन ।
३. हिजोको पार्टी कस्तो थियो ?
......एकदम चहलपहल थियो । बिभिन्न व्यक्तिहरुलाई भेटें ।
४. न्युयोर्क ओसाकाभन्दा जाडो छ ?
......अँ, धेरै जाडो छ ।
५. बिमानस्थलसम्म बस र रेल कुन छिटो हुन्छ ?
......रेलबाट छिटो हुन्छ ।
६. समुन्द्र र पहाडमा कुन मनपर्छ ?
......दुईवटै मनपर्छ ।
७. जापानी खानामा सबभन्दा बढी कुन खाना मनपर्छ ?
......तेन्पुरा सबभन्दा बढी मनपर्छ ।

12

### संवाद

#### गिओन चाड कस्तो भयो

मिलर: म आईपुगें है ।
म्यानेजर: फर्किनुभयो है ।
मिलर: यो क्योटोको उपहार हो ।
म्यानेजर: धन्यवाद ।
गिओन चाड कस्तो भयो ?
मिलर: रोचक थियो ।
एकदम चहलपहल थियो ।
म्यानेजर: गिओन चाड क्योटोको चाडमध्ये सबभन्दा प्रसिद्ध भएकोले ।
मिलर: हो र ।
फोटो धेरै खिचें । यो हो ।
म्यानेजर: ओ हो, मान्छे कति धेरै है ।
मिलर: अँ । अलिकति थाकें ।

# III. उपयोगी शब्द र जानकारी

## 祭りと 名所　　चाडपर्व र प्रसिद्ध स्थान

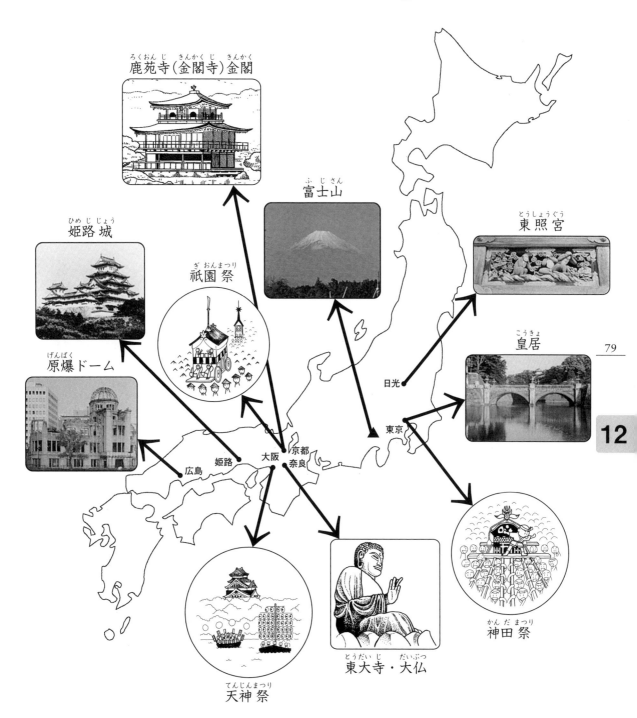

鹿苑寺(金閣寺)金閣

姫路城

祇園祭

富士山

東照宮

皇居

原爆ドーム

日光

東京

広島　姫路　大阪　京都　奈良

天神祭

東大寺・大仏

神田祭

12

## IV. व्याकरण व्याख्या

### १.  संज्ञा वाक्य र な विशेषण वाक्यको क्रिया, सकारात्मक र नकारात्मक स्वरुप

| | भूतकाल नभएको (बर्तमान · भबिष्य) | | भूतकाल | |
|---|---|---|---|---|
| सकारात्मक | संज्ञा<br>な विशेषण | あめ<br>しずか }です | संज्ञा<br>な विशेषण | あめ<br>しずか }でした |
| नकारात्मक | संज्ञा<br>な विशेषण | あめ<br>しずか }じゃ（では）<br>ありません | संज्ञा<br>な विशेषण | あめ<br>しずか }じゃ（では）<br>ありませんでした |

① きのうは 雨でした。  (१) हिजो पानी परेको थियो ।
② きのうの 試験は 簡単じゃ ありませんでした。
  (२) हिजोको परिक्षा सजिलो थिएन ।

### २.  い विशेषण वाक्यका क्रिया, सकारात्मक र नकारात्मक स्वरुप

| | भूतकाल नभएको (बर्तमान · भबिष्य) | भूतकाल |
|---|---|---|
| सकारात्मक | あついです | あつかったです |
| नकारात्मक | あつくないです | あつくなかったです |

③ きのうは 暑かったです。  (३) हिजो गर्मी थियो ।
④ きのうの パーティーは あまり 楽しくなかったです。
  (४) हिजोको पार्टी त्यति रमाइलो थिएन ।

### ३.  संज्ञा₁は संज्ञा₂より विशेषणです

संज्ञा₂ लाई आधार बनाएर, संज्ञा₁ को गुणको वर्णन गरिन्छ ।
⑤ この 車は あの 車より 大きいです。
  (५) यो गाडी त्यो गाडी भन्दा ठूलो छ ।

### ४.  संज्ञा₁と संज्ञा₂と どちらが विशेषणですか
......संज्ञा₁ / संज्ञा₂の ほうが विशेषणです

......दुइ पक्षको तुलना गर्दा प्रयोग हुन्छ, तुलना गर्दा कस्तो वस्तु कस्तो भन्नलाई どちら को प्रयोग गरिन्छ ।
⑥ サッカーと 野球と どちらが おもしろいですか。
  ……サッカーの ほうが おもしろいです。
  (६) फुटबल र बेसबलमा कुन रोचक छ ?
    ……फुटबल रोचक छ ।
⑦ ミラーさんと サントスさんと どちらが テニスが 上手ですか。
  (७) मिलर जी र सन्तोष जीमा को टेनिस राम्रो छ ?
⑧ 北海道と 大阪と どちらが 涼しいですか。
  (८) होक्काईडो र ओसाकामा कहाँ शितल छ ?

12

⑨ 春と 秋と どちらが 好きですか。　　　(९) बसन्त र शरदमा कुन ऋतु मनपर्छ ?

५.

$$\text{संज्ञा}_1 [の 中]で \begin{Bmatrix} 何 \\ どこ \\ だれ \\ いつ \end{Bmatrix} が いちばん \textbf{विशेषण}ですか$$

$$......\text{संज्ञा}_2 が いちばん \textbf{विशेषण}です$$

で ले दायरा जनाउँदछ । संज्ञा₁ को दायराबाट विशेषणले अवस्था र गुणको मात्रा माथिल्लो अवस्थासम्म हुने वस्तु, स्थान, मान्छे, समय जस्ता चिजको प्रश्न गर्दा त्यस प्रश्नमा मिल्ने चिजको प्रयोग गरिन्छ ।

⑩ 日本料理[の 中]で 何が いちばん おいしいですか。

　　……てんぷらが いちばん おいしいです。

　　(१०) जापानी खानामा सबभन्दा बढी कुन खाना मनपर्छ ?

　　　　……तेन्पुरा सबभन्दा बढी मनपर्छ ।

⑪ ヨーロッパで どこが いちばん よかったですか。

　　……スイスが いちばん よかったです。

　　(११) युरोपमा कहाँ सबभन्दा राम्रो छ ?

　　　　……स्वीजरल्याण्ड सबभन्दा राम्रो छ ।

⑫ 家族で だれが いちばん 背が 高いですか。

　　…… 弟が いちばん 背が 高いです。

　　(१२) परिवारमा सबभन्दा अग्लो को छ ?

　　　　……भाई सबभन्दा अग्लो छ । (पाठ १६)

⑬ 1年で いつが いちばん 寒いですか。　　(१३) १ बर्षमा सबभन्दा जाडो कहिले हो ?

　　…… 2月が いちばん 寒いです。　　　　　……फेब्रुअरी सबभन्दा जाडो छ ।

[सावधानी] विशेषण वाक्यको कर्ताको प्रश्नको वाक्यमा प्रश्नको पछाडि が विभक्ति राखेर प्रश्न गरिन्छ ।
(पाठ १० हेर्नुहोस्)

६.　**विशेषण**の　　(संज्ञाको सट्टामा गरिने の)

पाठ २ मा संज्ञा₁の को बनावट अगाडि の को प्रयोग हुन्छ भनेर अध्ययन गरें । यस पाठको उदाहरणको वाक्यमा दिइएको おおきいの विशेषण の को बनावट र संज्ञा₁ の संग बराबर र संज्ञाको सट्टाको गर्छु の हो ।

⑭ カリナさんの かばんは どれですか。　　(१४) करिना जीको ब्याग कुन हो ?

　　……あの 赤くて、大きいのです。　　　　……उ त्यो रातो, ठूलो हो । (पाठ १६)

# पाठ १३

## I. शब्दावली

| | | |
|---|---|---|
| あそびます | 遊びます | घुम्न जानु, खेल्नु |
| およぎます | 泳ぎます | पौडिनु |
| むかえます | 迎えます | लिन जानु |
| つかれます | 疲れます | थाक्नु (थाकेको अवस्थामा つかれました भन्ने たस्वरुप को प्रयोग गरिन्छ) |
| けっこんします | 結婚します | विवाह गर्नु |
| かいものします | 買い物します | किनमेल गर्नु |
| しょくじします | 食事します | खाना खानु |
| さんぽします | 散歩します | हिँड्नु |
| ［こうえんを〜］ | ［公園を〜］ | [पार्कमा] |
| たいへん［な］ | 大変［な］ | गाहो, मुस्किल, कठिन |
| ほしい | 欲しい | चाहँनु (केहि वस्तु) |
| ひろい | 広い | फराकिलो |
| せまい | 狭い | साँघुरो, सानो (कोठा, आदि) |
| プール | | स्विमिङ्ग पुल |
| かわ | 川 | नदि, खोला |
| びじゅつ | 美術 | कला |
| つり | 釣り | माछा मार्नु (〜を します : माछा मार्नु) |
| スキー | | स्कीङ्ग (〜を します : स्कीङ्ग गर्नु) |
| しゅうまつ | 週末 | सप्ताहान्त |
| ［お］しょうがつ | ［お］正月 | नयाँ वर्ष |
| 〜ごろ | | 〜बजे तिर |
| なにか | 何か | केहि चिज |
| どこか | | कतै, कुनै ठाउँ |

82

13

## 〈練習C〉

のどが かわきます

तिर्खाउनु (तिर्खा लाग्दाको अवस्था बताउँदा, のどが かわきました भनिन्छ)

おなかが すきます

भोक लाग्नु (भोक लाग्दाको अवस्था बताउँदा, おなかが すきました भनिन्छ)

そう しましょう。

त्यसो गरौँ। (कसैको अनुरोध वा आग्रहलाई स्वीकार गर्दा प्रयोग गरिन्छ)

## 〈会話〉

ご注文は？

के लिनुहुन्छ ? (प्राय रेस्टुरेन्टमा प्रयोग हुन्छ)

定食

सेट भोजन

牛どん

कचौरामा भातमाथि गाईको मासु हालेको

[少々] お待ち ください。

कृपया एकछिन कुर्नुहोस् ।

〜で ございます。

(です को आदर गरेर भन्ने शब्द)

別々に

छुट्टा छुट्टै

.........................................................................

アキックス

काल्पनिक कम्पनी

おはようテレビ

काल्पनिक टिभी कार्यक्रम

13

## II. अनुवाद

### वाक्यको संरचना

१. मलाई गाडीको चाहना छ ।
२. मलाई सुशी खान मन लाग्छ ।
३. म फ्रान्समा खाना बनाउन सिक्न जान्छु ।

### वाक्यको उदाहरण

१. अहिले के सबभन्दा चाहनुहुन्छ ?
......नयाँ मोबाइलको चाहना छ ।
२. गर्मी बिदामा कहाँ जान चाहनुहुन्छ ?
......ओकिनावामा जान चाहन्छु ।
३. आज थाकेकोले केहि गर्ने ईच्छा छैन् ।
......होनि है । आजको बैठक धेरै गाह्रो भएको थियो है ।
४. सप्ताहान्तमा के गर्नुहुन्छ ?
......बच्चासंग कोउबेमा जहाज हेर्न जान्छु ।
५. जापानमा के को अध्ययनको लागि आउनुभएको थियो ?
......ललितकलाको अध्ययनको लागि आएको थिएँ ।
६. जाडोबिदामा कहाँ जानुभयो ?
......अँ होक्काइडोमा स्किको लागि गएँ ।

### संवाद

#### छुट्टाछुट्टै गरिदिनुहोस्

यामादा: १२ बजिसक्यो । दिउँसोको खाजा खान जाने होईन ?
मिलर: अँ हुन्छ ।
यामादा: कहाँ जानुहुन्छ ?
मिलर: अँहे । आज जापानी खाना खाने मन छ ।
यामादा: त्यसो भए, 「चुरुया」 मा जाऔं है ।

..........................................................................

पसलको कर्मचारी: हजुरको अर्डर के होला ?
मिलर: मेरो लागि टेन्पुरा सेट ।
यामादा: मेरो लागि ग्युडोन ।
पसलको कर्मचारी: टेन्पुरा सेट र ग्युडोन है । एकछिन पर्खिनुहोस् है ।

..........................................................................

पसलको कर्मचारी: जम्मा १,६८० येन भयो ।
मिलर: कृपया । हिसाब छुट्टाछुट्टै गरिदिनुस् है ।
पसलको कर्मचारी: हुन्छ । टेन्पुरा सेट ९८० येन, ग्युडोन ७०० येन भयो ।

13

## III. उपयोगी शब्द र जानकारी

### 町（まち）の中（なか）　नगर भित्र

| | |
|---|---|
| 博物館（はくぶつかん） | संग्राहलय |
| 美術館（びじゅつかん） | कला संग्राहलय |
| 図書館（としょかん） | पुस्तकालय |
| 映画館（えいがかん） | सिनेमा हल |
| 動物園（どうぶつえん） | चिडियाखाना |
| 植物園（しょくぶつえん） | वनस्पति उद्यान |
| 遊園地（ゆうえんち） | मनोरजंन पार्क |
| | |
| お寺（てら） | मन्दिर |
| 神社（じんじゃ） | देवालय |
| 教会（きょうかい） | चर्च |
| モスク | मस्जिद |
| | |
| 体育館（たいいくかん） | व्यायाम स्थल |
| プール | पौडी पोखरी (स्विमिङ्ग पुल) |
| 公園（こうえん） | पार्क |
| | |
| 大使館（たいしかん） | दूतावास |
| 入国管理局（にゅうこくかんりきょく） | अध्यागमन विभाग |

| | |
|---|---|
| 市役所（しやくしょ） | नगरपालिका |
| 警察署（けいさつしょ） | प्रहरी |
| 交番（こうばん） | प्रहरी कार्यालय |
| 消防署（しょうぼうしょ） | वारुण (दमकल) कार्यालय |
| 駐車場（ちゅうしゃじょう） | पार्किङ स्थल |
| | |
| 大学（だいがく） | विश्वविद्यालय |
| 高校（こうこう） | उच्च माध्यमिक विद्यालय |
| 中学校（ちゅうがっこう） | निम्न माध्यमिक विद्यालय |
| 小学校（しょうがっこう） | प्राथमिक विद्यालय |
| 幼稚園（ようちえん） | बाल विद्यालय |
| | |
| 肉屋（にくや） | मासु पसल |
| パン屋（や） | पाउरोटी पसल |
| 魚屋（さかなや） | माछा पसल |
| 酒屋（さかや） | रक्सी पसल |
| 八百屋（やおや） | तरकारी पसल |
| | |
| 喫茶店（きっさてん） | कफी पसल |
| コンビニ | कन्बिनी (सुबिधा) पसल |
| スーパー | सुपर मार्केट |
| デパート | डेपार्टमेन्ट स्टोर |

## IV. व्याकरण व्याख्या

### १. संज्ञाが 欲しいです

ほしい भनेको い विशेषण र कर्मको पछाडि が जनाइन्छ ।

① わたしは 友達が 欲しいです。 (१) मलाई साथीको चाहना छ ।

② 今 何が いちばん 欲しいですか。 (२) अहिले के सबभन्दा चाहनुहुन्छ ?
……車が 欲しいです。 ......गाडीको चाहना छ ।

③ 子どもが 欲しいですか。 (३) बच्चा मनपर्छ ?
……いいえ、欲しくないです。 ......अँ ह, मन पर्दैन ।

### २. क्रियाます स्वरुपたいです

१) क्रियाます स्वरुप
क्रियासंग जोडिने ます को स्वरुप (उदाहरण : かいます को かい) लाई ます को स्वरुप भनिन्छ ।

२) क्रियाます स्वरुपたいです
क्रियाको ます स्वरुपたいです ले केहि गर्न चाहन्छु भनेर व्यक्त गर्न प्रयोग गरिन्छ । 〜たい को कर्म र विभक्तिमा を को पनि प्रयोग हुन्छ । 〜たい लाई い विशेषण जस्तै प्रयोग गरिन्छ ।

④ わたしは 沖縄へ 行きたいです。 (४) म ओकिनावामा जान चाहन्छु ।

⑤ わたしは てんぷらを 食べたいです。 (५) म टेन्पुरा खान चाहन्छु ।
(が)

⑥ 神戸で 何を 買いたいですか。 (६) कोबेमा के किन्न चाहनुहुन्छ ?
(が)
……靴を 買いたいです。 ......जुत्ता किन्न चाहन्छु ।
(が)

⑦ おなかが 痛いですから、何も 食べたくないです。
(७) पेट दुखेकोले केहि पनि खान मन छैन । (पाठ १७)

[सावधानी १] ほしいです, たいです को प्रयोग वक्ता र श्रोता बाहेक तेस्रो व्यक्तिको बारेमा वयान गर्न सकिँदैन ।

[सावधानी २] ほしいですか क्रियाます स्वरुपたいですか ले । श्रोताले केहि प्रस्ताव गर्ने अवस्थामा प्रयोग गरिँदैन । जस्तै कफीको प्रस्ताव गर्ने बेलामा, コーヒーが ほしいですか वा コーヒーが のみたいですか भन्नु ठिक होइन । यस्तो अवस्थामा コーヒーは いかがですか वा コーヒーを のみませんか जस्ता अभिव्यक्तिहरु प्रयोग गरिन्छ ।


13

३. | संज्ञा (स्थान)へ {क्रियाます स्वरुपमा / संज्ञा} に 行きます／来ます／帰ります |

いきます, きます, かえります जस्ता कार्यले लक्ष्य に जनाइन्छ ।

⑧ 神戸へ インド料理を 食べに 行きます。

(८) कोउबेमा इन्डियन खाना खान जान्छु ।

に को अगाडिको क्रिया संज्ञा します（かいものします, べんきょうします）लगायत संज्ञाを します（おはなみを します, つりを します）अवस्थामा, संज्ञाに いきます／きます／かえります को स्वरुपमा प्रयोग गरिन्छ ।

⑨ 神戸へ 買い物に 行きます。 (९) कोउबेमा किनमेलको लागि जान्छु ।

⑩ 日本へ 美術の 勉強に 来ました。

(१०) जापानमा ललितकलाको अध्ययनको लागि आएको थिएँ ।

[सावधानी] चाडपर्व वा कन्सर्ट आदि जस्ता मनोरञ्जनात्मक संज्ञामा に को अगाडि कर्मको कार्य, चाडपर्व हेर्ने, कन्सर्ट सुन्ने जस्ता वयान गरिएको हुन्छ ।

⑪ あした 京都の お祭りに 行きます。 (११) भोली क्योटोको चाडपर्वमा जान्छु ।

४. | どこか／何か |

どこか लाई (कहिँ) なにか (कतै) भनेर जनाउँदछ । どこか को पछाडि へ, なにかको पछाडिを विभक्तिले छोट्याउन सकिन्छ ।

⑫ 冬休みは どこか[へ] 行きましたか。

……はい。北海道へ スキーに 行きました。

(१२) जाडो बिदामा कहिँ जानुभयो ?

......अँ, होक्काइडोमा स्किको लागि गएँ ।

[सावधानी] समय जनाउने शब्दमा「は」को प्रयोग गरी मुख्य बिषयमा बोल्न सकिन्छ ।

⑬ のどが かわきましたから、何か[を] 飲みたいです。

(१३) घाँटी सुकेकोले केहि पिउन चाहन्छु ।

५. | ご～ |

ご ले आदर जनाउँदछ ।

⑭ ご注文は？ (१४) हजुरको अर्डर के होला ?

# पाठ १४

## I. शब्दावली

| | | |
|---|---|---|
| つけますⅡ | | चालु गर्नु |
| けしますⅠ | 消します | बन्द गर्नु |
| あけますⅡ | 開けます | खोल्नु |
| しめますⅡ | 閉めます | बन्द गर्नु |
| | | |
| いそぎますⅠ | 急ぎます | हतार गर्नु |
| まちますⅠ | 待ちます | कुर्नु, पर्खिनु |
| もちますⅠ | 持ちます | बोक्नु |
| とりますⅠ | 取ります | लिनु |
| てつだいますⅠ | 手伝います | सहयोग गर्नु |
| よびますⅠ | 呼びます | बोलाउनु |
| はなしますⅠ | 話します | बोल्नु, कुरा गर्नु |
| つかいますⅠ | 使います | प्रयोग गर्नु |
| とめますⅡ | 止めます | रोक्नु |
| みせますⅡ | 見せます | देखाउनु |
| おしえますⅡ | 教えます | सिकाउनु, बताउनु [ठेगाना~] |
| [じゅうしょを~] | [住所を~] | |
| | | |
| すわりますⅠ | 座ります | बस्नु |
| たちますⅠ* | 立ちます | उठ्नु |
| はいりますⅠ | 入ります | छिर्नु, भित्र जानु [क्याफेमा ~] |
| [きっさてんに~] | [喫茶店に~] | |
| でますⅡ* | 出ます | बाहिर निस्कनु [क्याफेबाट ~] |
| [きっさてんを~] | [喫茶店を~] | |
| ふりますⅠ | 降ります | पर्नु [पानी] |
| [あめが~] | [雨が~] | |
| コピーしますⅢ | | कपी गर्नु |
| | | |
| でんき | 電気 | विधुत, बिजुली |
| エアコン | | एयर कंडीशनर |
| | | |
| パスポート | | राहदानी |
| なまえ | 名前 | नाम |
| じゅうしょ | 住所 | ठेगाना |
| ちず | 地図 | नक्सा |
| | | |
| しお | 塩 | नुन |
| さとう | 砂糖 | चिनी |

**14**

| もんだい | 問題 | प्रश्न, समस्या |
|---|---|---|
| こたえ | 答え | उत्तर |
| | | |
| よみかた | 読み方 | पढ्ने तरिका |
| ～かた | ～方 | ～तरिका |
| | | |
| まっすぐ | | सीधा |
| ゆっくり | | बिस्तारै |
| すぐ | | झट्ट |
| また | | फेरि |
| あとで | | पछि |
| もう すこし | もう 少し | अझै अलिकति |
| もう ～ | | ～अझै, अरु～ |

## 〈練習C〉

| さあ | | ल (जस्तै: ल जाउँ) |
|---|---|---|
| あれ？ | | अरे !? (अचम्महुँदा प्रयोग गरिन्छ) |

## 〈会話〉

| 信号を 右へ 曲がって ください。 | ट्राफिक लाईटबाट दायाँ लाग्नुहोला । |
|---|---|
| これで お願いします。 | यो बाट गर्दिनु होला । |
| お釣り | खुद्रा |

89

| みどり 町 | काल्पनिक शहर |
|---|---|

14

## II. अनुवाद

### वाक्यको संरचना

१.  एकछिन पर्खिनुहोस् ।
२.  सामान बोकि दिउँ कि ?
३.  मिलर जी अहिले फोन गर्दै हुनुहुन्छ ।

### वाक्यको उदाहरण

१.  डटपेनले नाम लेख्नुहोस् ।
      ......हस, बुझें ।
२.  कृपया । यो खान्जी पढ्ने तरिका सिकाई दिनुहोस् ।
      ......「ज्युस्यो」 भन्छ ।
३.  गर्मी छ है । झ्याल खोलौं है ?
      ......कृपया । खोलिदिनु होस् ।
४.  स्टेसनसम्म लिन जाउँ कि ?
      ......ट्याक्सीबाट जाने भएकोले पर्दैन ।
५.  सातोउ जी कहाँ हुनुहुन्छ ?
      ......अहिले बैठक कोठामा माचुमोतो जीसंग कुरा गर्दै हुनुहुन्छ ।
      त्यसो भए, पछि आउँछु ।
६.  पानी पर्दैछ ?
      ......अहँ, परेको छैन ।

### संवाद

## कृपया मिडोरिच्यो सम्म पुर्‍याइदिनुहोस्

करिना:    कृपया मिडोरिच्यो सम्म पुर्‍याई दिनुहोस् ।
ड्राइभर:   हुन्छ ।
      ......................................................................
करिना:    कृपया । त्यो ट्राफिकलाईटको दायाँ मोड्नुहोस् ।
ड्राइभर:   दायाँ हो है ।
करिना:    अँ हो ।
      ......................................................................
ड्राइभर:   सीधा हो ?
करिना:    अँ, सीधा जानुहोस् ।
      ......................................................................
करिना:    त्यो फूल पसलको अगाडि रोक्नुहोस् ।
ड्राइभर:   हुन्छ ।
      १,८०० येन भयो ।
करिना:    यो लिनुहोस् ।
ड्राइभर:   ३,२०० येन फिर्ता दिएँ । धन्यवाद ।

**14**

## III. उपयोगी शब्द र जानकारी

### 駅　　स्टेसन

| | | | |
|---|---|---|---|
| 切符売り場 | टिकेट बेच्ने ठाँउ | 特急 | सुपर एक्सप्रेस रेल |
| 自動券売機 | टिकेट बेच्ने मेशिन | 急行 | एक्सप्रेस रेल |
| 精算機 | टिकेट मिलान मेशिन | 快速 | र्‍यापिड रेल |
| 改札口 | स्टेसनको द्वार | 準急 | सेमि एक्सप्रेस रेल |
| 出口 | निस्कने द्वार | 普通 | लोकल रेल |
| 入口 | प्रवेश द्वार | | |
| 東口 | पूर्व द्वार | 時刻表 | समय तालिका |
| 西口 | पश्चिम द्वार | ～発 | प्रस्थान |
| 南口 | दक्षिण द्वार | ～着 | आगमन |
| 北口 | उत्तर द्वार | [東京]行き | टोकियोको लागि |
| 中央口 | केन्द्रिय द्वार | | |
| | | 定期券 | एकमुष्ट टिकेट |
| [プラット]ホーム | प्लाट फोर्म | 回数券 | कुपन टिकेट |
| 売店 | कियोस्क (स्टेसनको पसल) | 片道 | एकतर्फी |
| コインロッカー | कोइन लकर | 往復 | दोहोरो |
| タクシー乗り場 | ट्याक्सी चढ्ने ठाँउ | | |
| バスターミナル | बस टर्मिनल | | |
| バス停 | बस रोक्ने ठाँउ | | |

91

14

## IV. व्याकरण व्याख्या

### १. क्रियाको समूह

जापानी भाषामा क्रियाको संयोजन गरेर, विभिन्न वाक्याशंको पछाडि जोडेर बिभिन्न अर्थको वाक्य बनाउन सकिन्छ । प्रयोग गर्ने तरिका अनुसार, तीनवटा समूहमा छुट्याइएको छ ।

१) समूह I क्रिया

यस समूहमा, ますको रुपको पछाडिको आवाज いस्तम्भको आवाज हुन्छ ।

उदाहरण: かきます(लेख्छु)　のみます(पिउँछु)

२) समूह II क्रिया

यस समूहमा ますको रुपको पछाडिको आवाज えस्तम्भको आवाज धेरैजसो हुन्छ । तर केहि いस्तम्भको आवाज पनि छन् ।

उदाहरण: たべます(खान्छु)　みせます(देखाउँछु)　みます(हेर्छु)

३) समूह III क्रिया

यस समूहमा します र कार्य जनाउने संज्ञा + します, तथा きます हुन्छ ।

### २. क्रिया て स्वरुप

て अथवा で बाट समाप्त हुने कार्य गर्दै गरेको जनाउनेलाई て स्वरुप भनिन्छ ますको स्वरुपबाट てको रुपमा लाने तरिका क्रियाको समूह अनुसार, तल लेखिएको जस्तो हुन्छ । (मुख्य पुस्तकको पाठ १४ को अभ्यास A१ हेर्नुहोस्)

१) समूह I क्रिया

(१) ますको स्वरुपको अन्तिम आवाज い, ち, り को अवस्थामा い, ち, り लाई हटाएर って लाई जोड्ने ।

उदाहरण: かいます → かって किन्छु　まちます → まって पर्खिन्छु
かえります → かえって फर्किन्छु

(२) ますरुपको पछाडिको आवाज み, び, に को अवस्थामा み, び, に लाई हटाएर んで जोड्ने ।

उदाहरण: のみます → のんで पिउँछु　よびます → よんで बोलाउँछु
しにます → しんで मर्छु

(३) ますरुपको पछाडिको आवाज き, ぎ को अवस्थामा き, ぎ लाई हटाएर いて, いで जोड्ने ।

उदाहरण: かきます → かいて लेख्छु　いそぎます → いそいで हतारिन्छु
तर いきます चाहिँ अपवादमा परेकोले いって हुन्छ ।

(४) ますरुपको पछाडिको आवाज し को अवस्थामा ますको रुपमा て जोड्ने

उदाहरण: かします → かして सापटी दिन्छु

२) समूह II क्रिया

ますको रुपमा て जोड्ने ।

उदाहरण: たべます → たべて खान्छु　みせます → みせて देखाउँछु
みます → みて हेर्छु

३) समूह III क्रिया

ますको रुपमा て जोड्ने

उदाहरण: きます → きて आउँछु　します → して गर्छु
さんぽします → さんぽして हिँडडुल गर्छु

### ३. क्रियाて स्वरुप ください　गर्नुहोस्

वाक्यको बनावटमा अर्को व्यक्तिलाई निर्देशन गर्दा अनुरोध गर्दा निम्त्याउन प्रयोग गरिन्छ । तर अनुरोध गर्दा त्यत्ति विनम्रता देखाउँदैन त्यसैले तलको (१) मा जस्तो すみませんが संगै राखेर धेरैजसो प्रयोग गरिन्छ ।

① すみませんが、この 漢字の 読み方を 教えて ください。
(१) माफ गर्नुहोस्, यो खान्जीको पढ्ने तरिका सिकाउनुहोस् । (अनुरोध)

② ボールペンで 名前を 書いて ください。
(२) यहाँ ठेगाना र नाम लेख्नुहोस् । (निर्देशन)

③ どうぞ たくさん 食べて ください。　(३) अझै धेरै खानुहोस् । (निम्तो)

### ४. क्रियाて स्वरुप います

यस वाक्यको बनावटमा कुनै कार्य अझै पनि भैरहेको छ भनेर जनाउँदछ ।

④ ミラーさんは 今 電話を かけて います。
(४) मिलर जी अहिले फोन गर्दै हुनुहुन्छ ।

⑤ 今 雨が 降って いますか。　(५) अहिले पानी परिरहेको छ ?
……はい、降って います。　......अँ, परिरहेको छ ।
……いいえ、降って いません。　......अ हँ, परेको छैन ।

### ५. क्रियाますस्वरुपましょうか　गरौं कि ?

यसमा अर्को व्यक्तिलाई आफूले केहि गरौं भनेर प्रस्ताव गर्दा प्रयोग हुन्छ ।

⑥ あしたも 来ましょうか。　(६) भोली पनि आउँ कि ?
……ええ、10時に 来て ください。　अँ, १० बजे आउनुहोस् ।

⑦ 傘を 貸しましょうか。　(७) छाता सापट दिउँ कि ?
……すみません。お願いします。　कृपया, दिनुहोस् ।

⑧ 荷物を 持ちましょうか。　(८) सामान बोकि दिउँ कि ?
……いいえ、けっこうです。　अ हँ, पर्दैन ।

### ६. संज्ञाが क्रिया

इन्द्रिया (आँखा, कान इत्यादि) द्वारा अनुभूति गरेका घट्नालाई प्रस्तुत गर्न, केहि भएको घट्नालाई उद्देश्य अनुसार व्यक्त गर्दा कर्तामा संज्ञा が को प्रयोग हुन्छ ।

⑨ 雨が 降って います。　(९) पानी परिरहेको छ ।

⑩ ミラーさんが いませんね。　(१०) मीलर जी छ है ।

### ७. すみませんが

⑪ すみませんが、塩を 取って ください。　(११) कृपया, नुन लिई दिनुहोस् ।

⑫ 失礼ですが、お名前は？　(१२) माफ गर्नुहोस्, तपाईंको नाम के हो ?

कसैलाई कुरा गर्दा अगाडि すみませんが वा しつれいですが इत्यादी प्रयोग गरी अभिव्यक्ति गर्दा が ले उल्टो अर्थ नभई, हल्का अगाडि प्रयोग गरिन्छ ।

# पाठ १५

## I. शब्दावली

| | | |
|---|---|---|
| おきます I | 置きます | राख्नु |
| つくります I | 作ります、造ります | बनाउनु, उत्पादन गर्नु |
| うります I | 売ります | बेच्नु |
| しります I | 知ります | थाहा हुनु |
| すみます I | 住みます | बस्नु |
| けんきゅうします III | 研究します | अनुसन्धान गर्नु |
| | | |
| しりょう | 資料 | सामग्री, तथ्यांक |
| カタログ | | सुची |
| じこくひょう | 時刻表 | समय तालिका |
| | | |
| ふく | 服 | कपडा, लुगा |
| せいひん | 製品 | समान |
| ソフト | | सफ्टवेयर |
| でんしじしょ | 電子辞書 | ईलेक्ट्रोनिक शब्दकोश |
| | | |
| けいざい | 経済 | अर्थशास्त्र |
| しやくしょ | 市役所 | नगरपालिका कार्यालय |
| こうこう | 高校 | उच्च माध्यामिक विद्यालय |
| | | |
| はいしゃ | 歯医者 | दाँतको डाक्टर |
| | | |
| どくしん | 独身 | अविवाहित |
| | | |
| すみません | | माफ गर्नु होला |

**〈練習C〉**

| | |
|---|---|
| 皆さん | सबै जना (महिला तथा सज्जनवृन्द) |

**〈会話〉**

| | |
|---|---|
| 思い出します I | सम्झनु |
| いらっしゃいます I | います को आदर गरेर भन्ने शब्द |

---

| | |
|---|---|
| 日本橋 | ओसाकाको किनमेल गर्ने एक शहरको नाम |
| みんなの インタビュー | काल्पनिक टि भी कार्यक्रम |

## II. अनुवाद

### वाक्यको संरचना

१.  फोटो खिचे पनि हुन्छ ?

२.  सन्तोष जीले ईलेक्ट्रोनिक शब्दकोश बोक्नुभएको छ ।

### वाक्यको उदाहरण

१.  यो क्याटलग लिए पनि हुन्छ ?

......अँ, हुन्छ लिनुस् ।

२.  यो शब्दकोश सापटी लिए पनि हुन्छ ?

......माफ गर्नुहोस् । अहिले चलाईरहेको......।

३.  यहाँ खेल्नु हुँदैन ।

......हो ।

४.  नगरपालिकाको फोन नम्बर थाहा छ ?

......अहँ, थाहा छैन ।

५.  मारिया जी कहाँ बस्नुहुन्छ ?

......ओसाकामा बस्छु ।

६.  वान जीले बिहे गर्नुभएको छ ?

......होईन, अविवाहित छु ।

७.  काम के गर्नुहुन्छ ?

......शिक्षक हो । उच्च माध्यमिक विद्यालयमा सिकाउँछु ।

96

### संवाद

## परिवारमा को को हुनुहुन्छ ?

किमुरा:  राम्रो फिल्म थियो है ।

मिलर:  अँ । मलाई परिवारको याद आयो ।

किमुरा:  हो र । मिलर जीको परिवारमा को को हुनुहुन्छ ?

मिलर:  आमाबुबा र एक जना दिदी हुनुहुन्छ ।

किमुरा:  कहाँ हुनुहुन्छ ?

मिलर:  आमाबुबा न्युयोर्क नजिकै बस्नुहुन्छ ।

दिदी लण्डनमा काम गर्दै हुनुहुन्छ ।

किमुरा जीको परिवारमा को को हुनुहुन्छ ?

**15**

किमुरा:  ३ जना छन् । बुबा बैंकको कर्मचारी हुनुहुन्छ ।

आमा उच्च माध्यमिक विद्यालयमा अँग्रेजी भाषा पढाउनु हुन्छ ।

## III. उपयोगी शब्द र जानकारी

### 職業（しょくぎょう）　पेशा

| | | | | |
|---|---|---|---|---|
| 会社員（かいしゃいん）<br>कम्पनी कर्मचारी<br>| 公務員（こうむいん）<br>सरकारी कर्मचारी<br>| 駅員（えきいん）<br>स्टेसन कर्मचारी<br>| 銀行員（ぎんこういん）<br>बैंक कर्मचारी<br>| 郵便局員（ゆうびんきょくいん）<br>हुलाकी<br>|
| 店員（てんいん）<br>पसले<br>| 調理師（ちょうりし）<br>भान्से (कुक्)<br>| 理容師（りようし） हजाम<br>美容師（びようし）<br>सौन्दर्यकर्मी<br>(ब्युटिसियन)<br>| 教師（きょうし）<br>शिक्षक<br>| 弁護士（べんごし）<br>अधिवक्ता<br>|
| 研究者（けんきゅうしゃ）<br>अनुसन्धानकर्ता<br>| 医者（いしゃ）／看護師（かんごし）<br>चिकित्सक / नर्स<br>| 運転手（うんてんしゅ）<br>चालक<br>| 警察官（けいさつかん）<br>प्रहरी<br>| 外交官（がいこうかん）<br>कूटनीतीज्ञ<br>|
| 政治家（せいじか）<br>नेता<br>| 画家（がか）<br>चित्रकार<br>| 作家（さっか）<br>लेखक<br>| 音楽家（おんがくか）<br>संगीतकार<br>| 建築家（けんちくか） वास्तुविज्ञ<br>(आर्किटेक्ट)<br>|
| エンジニア<br>ईन्जिनियर<br>| デザイナー<br>डिजाइनर<br>| ジャーナリスト<br>पत्रकार<br>| 歌手（かしゅ）／俳優（はいゆう）<br>गायक / अभिनेता<br>अभिनेत्री<br>| スポーツ選手（せんしゅ）<br>खेलाडी<br>|

## IV. व्याकरण व्याख्या

१. | क्रिया て स्वरुप も いいですか | गर्दा हुन्छ ?

यसको प्रयोग अनुमति माग्न प्रयोग हुन्छ ।

① 写真を 撮っても いいですか。 (१) फोटो खिचे पनि हुन्छ ?

यस अभिव्यक्ति द्वारा कसैबाट अनुमति पाउन देहायको उत्तर (२)(३) अनुसार अभिव्यक्त गरिन्छ । बिशेषगरी, अस्वीकृति जनाउने बेला, शिष्ट रुपमा उत्तर दिंदा (२) को अनुसार, निषेधको प्रयोगको अवस्थामा, (३) तथा तलको २ हेर्नुहोस् । जुनै अवस्थामा पनि कारणलाई जोड्ने गरिन्छ ।

② ここで たばこを 吸っても いいですか。 (२) यहाँ चुरोट पिए पनि हुन्छ ?
……ええ、[吸っても] いいですよ。 ……अँ, हुन्छ ।
……すみません、ちょっと……。のどが 痛いですから。
……माफ गर्नुहोस्, अलिकति……घाँटी दुखेको हुनाले । (पाठ १७)

③ ここで たばこを 吸っても いいですか。 (३) यहाँ चुरोट पिए पनि हुन्छ ?
……ええ、[吸っても] いいですよ。 ……अँ, हुन्छ ।
……いいえ、[吸っては] いけません。禁煙ですから。
……अहँ, पिउनु हुँदैन । पिउन निषेध भएकोले ।

२. | क्रिया て स्वरुप は いけません | गर्नु हुँदैन

यसले निषेधको अभिव्यक्त गर्न प्रयोग हुन्छ ।

④ ここで たばこを 吸っては いけません。禁煙ですから。
(४) यहाँ चुरोट पिउनु हुँदैन । पिउन निषेध भएकोले ।

यस्तो अभिव्यक्ति सानो व्यक्तिले ठूलो व्यक्तिलाई प्रयोग गर्न हुँदैन ।

३. | क्रिया て स्वरुप います |

यस वाक्य बनावटमा पाठ १४ मा अध्ययन गरेको, गर्दै गरेको अवस्था जनाउने बाहेक तलका अन्य प्रयोगमा पनि हुन्छ ।

१) अवस्था अभिव्यक्त गर्न (मुख्यतया ～て います को रुपमा प्रयोग हुने क्रिया)
⑤ わたしは 結婚して います。 (५) मैले बिहे गरेको छु ।
⑥ わたしは 田中さんを 知って います。 (६) मैले तानाका जीलाई चिन्छु ।
⑦ わたしは カメラを 持って います。 (७) मैले क्यामरा बोकेको छु ।
⑧ わたしは 大阪に 住んで います。 (८) म ओसाका बस्दैछु ।

[सावधानी १] しって います को नकारात्मक しりません हुन्छ । しって いません भनेर भनिंदैन ध्यान दिनु होला ।
⑨ 市役所の 電話番号を 知って いますか。(९) नगरपालिकाको फोन नम्बर थाहा छ ?
……はい、知って います。 ……अँ, थाहा छ ।
……いいえ、知りません。 ……अहँ, थाहा छैन ।

[सावधानी २] もって います मा यसको अर्थ मैले बोकेको छु र मसंग छ भन्ने अर्थ जनाइन्छ ।

२) नियमित कार्य (लामो समयसम्म त्यहि कार्य धेरै पटक प्रयोग हुनु) वा पेशा, दर्जा जनाइन्छ ।

⑩ IMC は コンピューターソフトを 作って います。

(१०) आई एम सी ले कम्प्युटर सफ्ट बनाउँदछ ।

⑪ スーパーで ナンプラーを 売って います。

(११) सुपर मार्केटमा नाम्पुरा बेचेको छ ।

⑫ ミラーさんは IMC で 働いて います。

(१२) मीलर जी आई एम सी मा काम गर्दै हुनुहुन्छ ।

⑬ 妹は 大学で 勉強して います。

(१३) बहिनी विश्वविद्यालयमा अध्ययन गर्दैछे ।

४. | संज्ञाに क्रिया |

विभक्ति に मा はいります, すわります, のります [(चढ्छु) पाठ १६ हेर्नुहोस्], のぼります [(चढ्छु) पाठ १९ हेर्नुहोस्], つきます [(पुग्छु) पाठ २५ हेर्नुहोस्] जस्ता क्रियाहरु प्रयोगमा ल्याईएको छ । यस कार्यकलापको परिणाम स्वरुप, कर्ता रहेको स्थान जनाउँदछ ।

⑭ ここに 入っては いけません。　　　　(१४) यहाँभित्र जानु हुँदैन ।

⑮ ここに 座っても いいですか。　　　　(१५) यहाँ बसे पनि हुन्छ ?

⑯ 京都駅から 16番の バスに 乗って ください。

(१६) क्योटो स्टेसनबाट १६ नम्बरको बसमा चढ्नुहोस् । (पाठ १६)

५. | संज्ञा₁に संज्ञा₂を क्रिया |

विभक्ति に लाई कुनै कार्यको परिणाम, संज्ञा₂ अस्तित्व भएको स्थान (संज्ञा₁) लाई जनाइन्छ ।

⑰ ここに 車を 止めて ください。　　　　(१७) यहाँ गाडी रोक्नुहोस् ।

(१८) को に मा पनि त्यहि कार्य जनाउँदछ ।

⑱ ここに 住所を 書いて ください。　　　　(१८) यहाँ ठेगाना लेख्नुहोस् ।

# पाठ १६

## I. शब्दावली

| | | |
|---|---|---|
| のります I | 乗ります | चढ्नु |
| [でんしゃに～] | [電車に～] | [रेलमा, आदि] |
| おります II | 降ります | झर्नु ओर्लिनु |
| [でんしゃを～] | [電車を～] | [रेलमा, आदि] |
| のりかえます II | 乗り換えます | यातायातको साधन फेर्नु (रेल, आदि) |
| あびます II | 浴びます | नुहाउनु |
| [シャワーを～] | | [शावर] |
| いれます II | 入れます | छिराउनु |
| だします I | 出します | निकाल्नु |
| おろします I | 下ろします | झिक्नु |
| [おかねを～] | [お金を～] | [पैसा～] |
| はいります I | 入ります | प्रवेश गर्नु, छिर्नु |
| [だいがくに～] | [大学に～] | [विश्वविद्यालयमा～] |
| でます II | 出ます | स्नातक उपाधी लिनु |
| [だいがくを～] | [大学を～] | [विश्वविद्यालय बाट～] |
| おします I | 押します | धकेल्नु |
| のみます I | 飲みます | पिउनु (रक्सी) |
| はじめます II | 始めます | शुरु गर्नु |
| けんがくします III | 見学します | शैक्षिक भ्रमण |
| でんわします III | 電話します | फोन गर्नु |
| | | |
| わかい | 若い | युवा |
| ながい | 長い | लामो |
| みじかい | 短い | छोटो |
| あかるい | 明るい | उज्यालो |
| くらい | 暗い | अँध्यारो |
| | | |
| からだ* | 体 | शरीर |
| あたま | 頭 | टाउको |
| かみ | 髪 | कपाल |
| かお* | 顔 | अनुहार |
| め | 目 | आँखा |
| みみ* | 耳 | कान |
| はな* | 鼻 | नाक |
| くち* | 口 | मुख |
| は* | 歯 | दाँत |
| おなか* | | पेट |
| あし* | 足 | खुट्टा |
| せ | 背 | लम्बाई |

| | | |
|---|---|---|
| サービス | | सेवा |
| ジョギング | | टहलिनु (〜を します : जगिंग गर्नु) |
| シャワー | | शावर |
| | | |
| みどり | 緑 | हरियो, हरियाली |
| [お]てら | [お]寺 | बुद्ध मन्दिर |
| じんじゃ | 神社 | शिन्तोउ मन्दिर |
| | | |
| ーばん | ー番 | ーनम्बर |
| | | |
| どうやって | | कसरी |
| どの 〜 | | कुन〜(तीन वा धेरैलाई प्रयोग हुन्छ) |
| どれ | | कुन तीन (तिन वा धेरै चिजलाई प्रयोग हुन्छ) |

〈練習 C〉

| | |
|---|---|
| すごいですね。 | राम्रो है । (प्रशंसा गर्दा) |
| [いいえ、] まだまだです。 | [हैन] त्यति छैन । |

〈会話〉

| | |
|---|---|
| お引き出しですか。 | पैसा निकाल्न आउनु भएको ? |
| まず | सर्वप्रथम |
| 次に | अर्को, त्यसपछि |
| キャッシュカード | नगद वितरण कार्ड (क्यास कार्ड) |
| 暗証番号 | व्यक्तिगत पहिचान नम्बर (पिन नम्बर) |
| 金額 | राशि जम्मा रकम |
| 確認 | पुष्टिकरण (〜します : पुष्टि गर्नु) |
| ボタン | बटन |

101

- - - - - - - - - - - - - - - - - - - - - - - - - - - - - - - - - - - -

| | |
|---|---|
| JR | जापान रेलवे |
| 雪祭り | हिउँको चाड |
| バンドン | बान्डोन (इन्डोनेसियामा) |
| フランケン | फ्रान्केन (जर्मनीमा) |
| ベラクルス | वेरक्रुज़ (मेक्सिकोमा) |
| 梅田 | ओसाकाको एक शहर |
| | |
| 大学前 | काल्पनिक बस स्टप |

16

## II. अनुवाद

### वाक्यको संरचना

१. बिहान जगिगं गरी, नुहाएर कार्यालय जान्छु ।
२. कन्सर्ट सकेपछि रेष्टुरेन्टमा खाना खाएँ ।
३. ओसाकामा खाना मिठो छ ।
४. यो कोठा ठूलो र उज्यालो छ ।

### वाक्यको उदाहरण

१. हिजो के गर्नुभयो ?
......पुस्तकालय गई, पुस्तक सापट लिएँ, त्यसपछि साथीलाई भेटें ।
२. विश्वविद्यालयसम्म कसरी जानुहुन्छ ?
......क्योटो स्टेसनबाट १६ नम्बरको बसमा चढेर विश्वविद्यालय अगाडि ओर्लिन्छु ।
३. अहिले ओसाका दरबार अवलोकन जानुहुन्छ ?
......होईन । दिउँसोको खाना खाएर जान्छु ।
४. मारिया जी कुन व्यक्ति हो ?
......उ त्यो कपाल लामो व्यक्ति हो ।
५. तारोउको साइकल कुन हो ?
......उ त्यो निलो, नयाँ साइकल हो ।
६. नारा कस्तो शहर हो ?
......शान्त र राम्रो शहर हो ।
७. उ त्यो व्यक्ति को हुनुहुन्छ ?
......कारिनाजी हो । ईण्डोनेशियाली हो र फूजि विश्वविद्यालयको विद्यार्थी हुनुहुन्छ ।

### संवाद

#### प्रयोग गर्ने तरिका सिकाउनुहोस्

मारिया: कृपया, एकछिन् प्रयोग गर्ने तरिका सिकाउनुहोस् ।
बैंक कर्मचारी: नगद निकाल्नको लागि हो ?
मारिया: हो ।
बैंक कर्मचारी: त्यसोभए, पहिला यहाँ थिच्नुहोस् ।
मारिया: हुन्छ ।
बैंक कर्मचारी: क्यास कार्ड यहाँ हालेर, पिन नम्बर थिच्नुहोस् ।
मारिया: हुन्छ ।
थिचें ।
बैंक कर्मचारी: नगद रकम थिच्नुहोस् ।
मारिया: ५ मान येन हो, ५...... ।
बैंक कर्मचारी: यो ｢मान｣ ｢येन｣ थिच्नुहोस् ।
त्यसपछि यो ｢खाकुनिन｣ बटन थिच्नुहोस् ।
मारिया: हुन्छ । धन्यवाद ।

16

## III. उपयोगी शब्द र जानकारी

ATM の使い方　　ए टि एम बाट नगद निकाल्ने तरिका

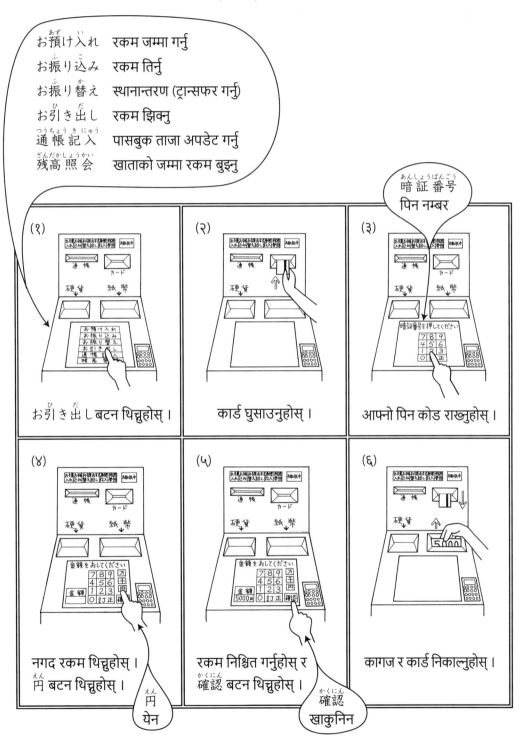

お預け入れ　रकम जम्मा गर्नु
お振り込み　रकम तिर्नु
お振り替え　स्थानान्तरण (ट्रान्सफर गर्नु)
お引き出し　रकम झिक्नु
通帳記入　पासबुक ताजा अपडेट गर्नु
残高照会　खाताको जम्मा रकम बुझ्नु

暗証番号
पिन नम्बर

(१) お引き出し बटन थिच्नुहोस् ।

(२) कार्ड घुसाउनुहोस् ।

(३) आफ्नो पिन कोड राख्नुहोस् ।

(४) नगद रकम थिच्नुहोस् ।
円 बटन थिच्नुहोस् ।

円 येन

(५) रकम निश्चित गर्नुहोस् र
確認 बटन थिच्नुहोस् ।

確認 खाकुनिन

(६) कागज र कार्ड निकाल्नुहोस् ।

## IV. व्याकरण व्याख्या

### १. दुईभन्दा बढी वाक्य जोड्ने तरिका

२ वा २ भन्दा बढी वाक्यलाई 〜て(で) को प्रयोग गरेर एक वटा वाक्य बनाउन सकिन्छ ।

१) क्रिया$_{१}$ て स्वरुप, [क्रिया$_{२}$ て स्वरुप,] क्रिया$_{३}$

दुईभन्दा बढी कार्यहरु लगातार वर्णन गर्दा, त्यस कार्य अनुसार て स्वरुपमा लगेर मिलाईन्छ । काललाई अन्तिम कार्यको समय अनुसार निर्धारित हुन्छ ।

① 朝 ジョギングを して、シャワーを 浴びて、会社へ 行きます。

(१) बिहान जगिगं गरेर, नुहाएर, कार्यालय जान्छु ।

② 神戸へ 行って、映画を 見て、お茶を 飲みました。

(२) कोउबे गएर, चलचित्र हेरेर, चिया खाएँ ।

२) い विशेषण (〜い̸) → 〜くて

| | | | |
|---|---|---|---|
| おおきーい | → | おおきーくて | ठूलो |
| ちいさーい | → | ちいさーくて | सानो |
| いーい | → | よーくて (अपवाद) | राम्रो |

③ ミラーさんは 若くて、元気です。 (३) मिलर जी जवान, फूर्तिलो हुनुहन्छ ।

④ きのうは 天気が よくて、暑かったです。

(४) हिजो मौसम राम्रो, गर्मी थियो ।

३) な विशेषण [な̸] → 〜で

⑤ ミラーさんは ハンサムで、親切です。 (५) मिलर जी आकर्षक र दयालु हुनुहुन्छ ।

⑥ 奈良は 静かで、きれいな 町です。 (६) नारा शान्त भएर राम्रो शहर हो ।

[सावधानी] 〜て(で) को प्रयोग, कर्ताको एउटै विशेषण वाक्य जोड्ने बेला, वक्ताको मूल्यांकनमा फरक वाक्य जोड्न सकिंदैन । यस अवस्थामा が को प्रयोग गर्दछ । (पाठ ८ – ४ हेर्नुहोस्)

× この 部屋は 狭くて、きれいです。

○ この 部屋は 狭いですが、きれいです。 यो कोठा साँघुरो छ, तर राम्रो छ ।

४) संज्ञा で

⑦ カリナさんは インドネシア人で、富士大学の 留学生です。

(७) करीना जी ईण्डोनीसियाली नागरिक, फूजि विश्वविद्यालयको विद्यार्थी हो ।

⑧ カリナさんは 学生で、マリアさんは 主婦です。

(८) करीना जी विद्यार्थी, मारीया जी गृहिणी हुनुहुन्छ ।

### २. क्रिया$_{१}$ て स्वरुपから、क्रिया$_{२}$

यस वाक्यको बनावटमा, क्रिया$_{२}$ चाहिं क्रिया$_{१}$ भन्दा पछाडी प्रयोग हुन्छ । त्यसको लागि क्रिया$_{१}$, क्रिया$_{२}$ शर्त अनुसार गर्नको लागि, तयारी गर्ने अवस्थामा धेरै प्रयोग गरिन्छ । अन्तिममा क्रियाको काल अनुसार निर्धारित हुन्छ ।

⑨ お金を 入れてから、ボタンを 押して ください。

(९) नगद हालेपछि बटन थिच्नुहोस् ।

यस बाहेक क्रियाको て स्वरुपको कर्तामा चाहिं が जनाउँदछ ।

⑩　もう 昼ごはんを 食べましたか。　　(१०) दिउँसोको खाना खानुभयो ?
……この 仕事が 終わってから、食べます。
......यो काम सकेपछि खान्छु ।

## ३. संज्ञा₁は संज्ञा₂が विशेषण

यो वाक्यको बनावटमा बिषय (संज्ञा₁) मा「संज्ञा₂ मा विशेषण」को विशेषता छ भनेर जनाइन्छ ।

⑪　大阪は 食べ物が おいしいです。　　(११) ओसाकामा खानेकुरा मिठो छ ।
⑫　ドイツの フランケンは ワインが 有名です。
(१२) जर्मनीको फ्रान्केन वाइनको लागि प्रशिद्ध छ ।
⑬　マリアさんは 髪が 長いです。　　(१३) मारिया जीको कपाल लामो छ ।

## ४. संज्ञा を क्रिया

でます, おります जस्ता क्रियाहरु विशेषता を संग प्रयोग हुन्छ । यस を प्रारम्भिक र प्रस्थान गर्ने ठाउँ जनाउँदछ ।

⑭　7時に うちを 出ます。　　(१४) ७ बजे घरबाट निस्कन्छु ।
⑮　梅田で 電車を 降りました。　　(१५) उमेदामा ट्रेनबाट ओर्लिन्छु ।

## ५. どうやって

どうやって लाई बाटो जाने तरिका सोध्नको लागि प्रयोग गरिन्छ ।

⑯　大学まで どうやって 行きますか。　　(१६) विश्वविद्यालय सम्म कसरी जानुहुन्छ ?
……京都駅から 16番の バスに 乗って、大学前で 降ります。
......क्योटो स्टेसनबाट १६ नम्बरको बसमा चढेर विश्वविद्यालय अगाडि ओर्लिने ।

## ६. どれ／どの संज्ञा

どれ लाई विशेषरुपमा तीनवटा भन्दा बढी वस्तुबाट, एउटा पहिचान गराउने प्रश्न जनाउँदछ ।

⑰　ミラーさんの 傘は どれですか。　　(१७) मिलर जीको छाता कुन हो ?
……あの 青い 傘です。　　......उ त्यो निलो छाता हो ।

どれ ले प्रत्यक्ष संज्ञालाई परिमार्जन गर्न सकिंदैन । संज्ञालाई परिमार्जन गर्न どの को प्रयोग गरिन्छ ।

⑱　サントスさんは どの 人ですか。　　(१८) सन्तोष जी कुन व्यक्ति हो ?
……あの 背が 高くて、髪が 黒い 人です。
......त्यो अग्लो, कालो कपाल भएको व्यक्ति हो ।


16

# पाठ १७

## I. शब्दावली

| | | |
|---|---|---|
| おぼえますII | 覚えます | सम्झनु, कण्ठ गर्नु |
| わすれますII | 忘れます | भुल्नु |
| なくしますI | | गुमाउनु, हराउनु |
| はらいますI | 払います | तिर्नु |
| かえしますI | 返します | फिर्ता गर्नु |
| でかけますII | 出かけます | बाहिर जानु |
| ぬぎますI | 脱ぎます | खोल्नु (कपडा, जुत्ता, आदि) |
| もって いきますI | 持って 行きます | लैजानु, लिएर जानु (केहि चिज) |
| もって きますIII | 持って 来ます | ल्यानु, लिएर आउनु (केहि चिज) |
| しんぱいしますIII | 心配します | आत्तिनु |
| ざんぎょうしますIII | 残業します | ओभर टाईम काम गर्नु |
| しゅっちょうしますIII | 出張します | व्यापार यात्रामा जानु |
| のみますI<br>［くすりを～］ | 飲みます<br>［薬を～］ | लिनु, खानु<br>[औषधि～] |
| はいりますI<br>［おふろに～］ | 入ります | छिर्नु<br>[तातो पानीमा～] |
| たいせつ［な］ | 大切［な］ | महत्त्वपूर्ण |
| だいじょうぶ［な］ | 大丈夫［な］ | सबै ठिक छ |
| あぶない | 危ない | डरलाग्दो |
| きんえん | 禁煙 | धुम्रपान निषेध |
| ［けんこう］<br>ほけんしょう | ［健康］保険証 | [स्वास्थ्य]<br>विमा कार्ड |
| ねつ | 熱 | ज्वोरो, तापक्रम |
| びょうき | 病気 | बिरामी |
| くすり | 薬 | औषधि |
| ［お］ふろ | | तातो पानीमा नुहाउनु |
| うわぎ | 上着 | ज्याकेट, स्वेटर |
| したぎ | 下着 | भित्री पोशाक, कट्टु |

17

| | | |
|---|---|---|
| 2、3にち | 2、3日 | २, ३ दिन |
| 2、3～ | | २, ३～ (जना, पटक) |
| ～までに | | ～सम्म (समयावधि जनाउन प्रयोग गरिन्छ) |
| ですから | | त्यसैले |

**〈会話〉**

| | |
|---|---|
| どう しましたか。 | के भयो ? |
| のど | घाँटी, गला |
| [～が] 痛いです。 | दुख्नु (मेरो～मा दुख्छ) |
| かぜ | रुघा |
| それから | त्यसपछि |
| お大事に。 | आफ्नो ख्याल गर्नु । (बिरामीलाई भनिन्छ) |

17

## II. अनुवाद

### वाक्यको संरचना

१. फोटो नखिच्नुहोस् ।
२. राहदानी नदेखाई हुँदैन ।
३. आइतबार छिटो नउठेपनि हुन्छ ।

### वाक्यको उदाहरण

१. त्यहाँ गाडी नरोक्नुहोस् ।
 ......माफ गर्नुहोस् ।
२. १२ बजिसक्यो । एक्लै जान सक्नुहुन्छ ?
 ......पीर नलिनुहोस् । ट्याक्सीबाट फर्किने भएकोले ।
३. आज बेलुका पिउन जाने होईन ?
 ......माफ गर्नुहोस् । भोलिदेखि हङ्कङ्गमा व्यापारिक भ्रमण नगई हुँदैन । त्यहि भएर, छिटो फर्किन्छु ।
४. बच्चाको पनि पैसा नतिरी हुँदैन हो ?
 ......होईन, नतिरेपनि हुन्छ ।
५. प्रतिवेदन कहिलेसम्म नबुझाई हुँदैन ?
 ......शुक्रबारभित्र बुझाउनुहोस् ।

### संवाद

#### के भयो ?

चिकित्सक: के भयो ?
माचुमोतो: हिजोदेखि घाँटी दुखेको र ज्वरो पनि अलिकति छ ।
चिकित्सक: हो र । अलिकति मुख खोल्नुहोस् ।
..........................................................................
चिकित्सक: रुघा लागेको छ । २,३ दिन आराम गर्नुहोस् ।
माचुमोतो: भोलिदेखि टोकियोमा व्यापारिक भ्रमण नगई हुँदैन ।
चिकित्सक: त्यसोभए औषधि खाएर छिटो सुत्नुहोस् ।
माचुमोतो: हुन्छ ।
चिकित्सक: त्यसपछि आज राति तातो पानीमा नबस्नुहोस् है ।
माचुमोतो: हजुर । बुझें ।
चिकित्सक: त्यसो भए, आफ्नो ख्याल गर्नुहोस् ।
माचुमोतो: धन्यवाद ।

17

## III. उपयोगी शब्द र जानकारी

### 体<small>からだ</small>・病気<small>びょうき</small>　शरीर र बिरामी

| | |
|---|---|
| どうしましたか。 | के भयो ? |
| 頭<small>あたま</small>が 痛<small>いた</small>い | टाउको दुख्यो |
| おなかが 痛<small>いた</small>い | पेट दुख्यो |
| 歯<small>は</small>が 痛<small>いた</small>い | दाँत दुख्यो |
| 熱<small>ねつ</small>が あります | ज्वरो आयो |
| せきが 出<small>で</small>ます | खोकी लाग्यो |
| 鼻水<small>はなみず</small>が 出<small>で</small>ます | सिंगान बग्यो |
| 血<small>ち</small>が 出<small>で</small>ます | रगत आयो |
| 吐<small>は</small>き気<small>け</small>が します | वाकवाक आयो |
| 寒気<small>さむけ</small>が します | चिसो भयो |
| めまいが します | रिँगटा लाग्यो |
| 下痢<small>げり</small>を します | झाडापखाला लाग्यो |
| 便秘<small>べんぴ</small>を します | कब्जियत भयो |
| けがを します | घाउ भयो |
| やけどを します | पोल्यो |
| 食欲<small>しょくよく</small>が ありません | अरुचि हुनु |
| 肩<small>かた</small>が こります | काँध साहो हुनु |
| 体<small>からだ</small>が だるい | थकाइ लाग्नु |
| かゆい | चिलाउनु |

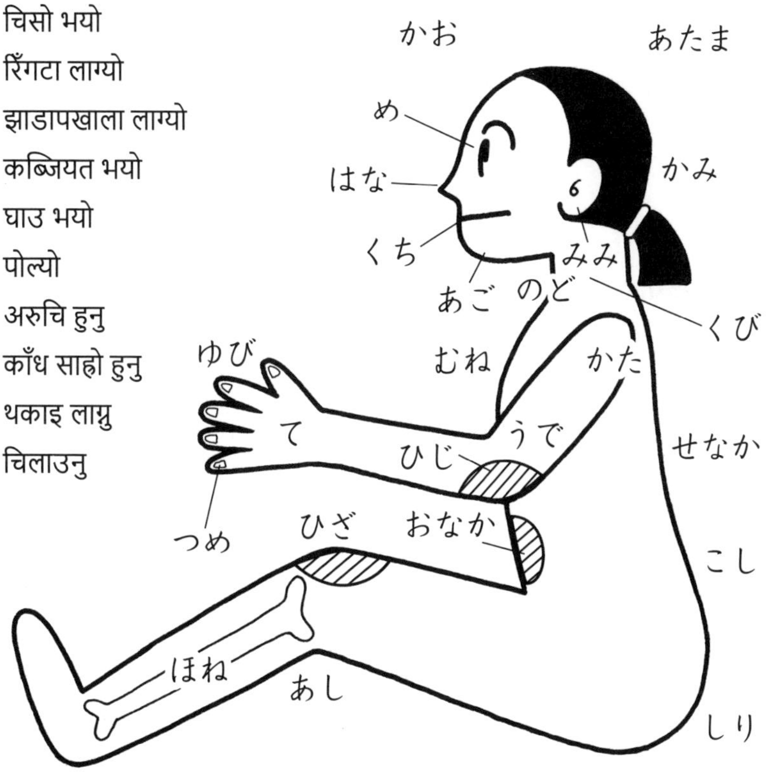

かお　　あたま
め
はな　　かみ
くち　　みみ
あご　のど　くび
ゆび　むね　かた
て　うで
ひじ　せなか
つめ　ひざ　おなか　こし
ほね　あし　しり

**17**

| | |
|---|---|
| ぎっくり腰<small>ごし</small> | ढाड सर्किनु |
| かぜ | रुघा लाग्नु |
| ねんざ | मर्कनु |
| インフルエンザ | इन्फ्लुएन्जा |
| 骨折<small>こっせつ</small> | हड्डि भाच्चु |
| 盲腸<small>もうちょう</small> | एपेन्डेसाइटिस् |
| 二日酔<small>ふつかよ</small>い | ह्याङओभर |

# IV. व्याकरण व्याख्या

## १. क्रिया ない स्वरुप

ない लाई जोड्ने स्वरुप (उदाहरण かかない को かか) लाई ない को स्वरुप भनिन्छ । ます को स्वरुपबाट ない स्वरुपका क्रिया समूह तलका अनुसार हुन्छ । (मुख्य पुस्तक पाठ १७ अभ्यास A१ हेर्नुहोस्)

### १) क्रिया समूह I

ます स्वरुपको अगाडिको い स्तम्भलाई あ स्तम्भमा परिवर्तन हुन्छ । तर ます स्वरुपको अगाडिको स्वर वर्ण い आवाजको क्रिया छ भने (かいます, あいます इत्यादी) त्यस आवाजलाई あ नभई わ परिवर्तन हुन्छ ।

| | | | | |
|---|---|---|---|---|
| か<u>き</u>ーます | → | か<u>か</u>ーない | いそ<u>ぎ</u>ーます | → いそ<u>が</u>ーない |
| よ<u>み</u>ーます | → | よ<u>ま</u>ーない | あそ<u>び</u>ーます | → あそ<u>ば</u>ーない |
| と<u>り</u>ーます | → | と<u>ら</u>ーない | ま<u>ち</u>ーます | → ま<u>た</u>ーない |
| す<u>い</u>ーます | → | す<u>わ</u>ーない | はな<u>し</u>ーます | → はな<u>さ</u>ーない |

### २) क्रिया समूह II

यस समूहमा स्वरुप परिवर्तन गर्दा ます स्वरुपलाई हटाएर ない मात्र जोडे पुग्छ ।

たべーます → たべーない
みーます → みーない

### ३) क्रिया समूह III

べんきょうしーます → べんきょうしーない
しーます → しーない
きーます → こーない

## २. क्रिया ない स्वरुप ないで ください ।  नगर्नुस्

यस वाक्य बनावटमा विपक्षलाई नगर्न अनुरोध, निर्देशन गर्न प्रयोग गर्दछ ।

① ここで 写真を 撮らないで ください。　(१) यहाँ फोटो नखिच्नु होला ।

साथै त्यस्तो गर्न आवश्यक छैन, विपक्षलाई विचार गरेको देखाउन प्रयोग गर्दछ ।

② わたしは 元気ですから、心配しないで ください。
　(२) म ठिक भएकोले पीर नलिनु होला ।

## ३. क्रिया ない स्वरुप なければ なりません ।  नगरी हुँदैन

यस वाक्य बनावटले नगरी हुँदैन भनेर जनाउँदछ । यसबाट बनेको वाक्य नकारात्मक होइन भनि बुझ्नु पर्दछ ।

③ 薬を 飲まなければ なりません。　(३) औषधि नखाई हुँदैन ।

## ४. क्रिया ない स्वरुप なくても いいです ।  नगरेपनि हुन्छ

यस वाक्यको बनावटले गर्न आवश्यक छैन भन्ने जनाउँदछ ।

④ あした 来なくても いいです。　(४) भोलि नआएपनि हुन्छ ।

**17**

## ५. कर्म मुख्य बिषय

संज्ञाले क्रियाको संज्ञा (सकर्मक क्रिया) को बिषयको वाक्यलाई बयान गर्दा वाक्यको सबभन्दा अगाडि विभक्ति を लाई हटाएर は लाई जोडिन्छ ।

ここに　荷物を　置かないで　ください。　　यहाँ सामान नराख्नु होला ।

荷物<del>を</del>は　ここに　置かないで　ください。

⑤ 荷物<u>は</u>　ここに　置かないで　ください。(५) सामानलाई यहाँ नराख्नु होला ।

会社の　　　　食堂で　昼ごはんを　食べます。

कार्यालयको चमेनागृह (क्यान्टिन) मा दिउँसोको खाना खान्छु ।

昼ごはん<del>を</del>は　会社の　　食堂で　　食べます。

⑥ 昼ごはん<u>は</u>　会社の　　食堂で　　食べます。

(६) दिउँसोको खाना कार्यालयको चमेनागृह (क्यान्टिन) मा खान्छु ।

## ६. 　संज्ञा (समय)までに　क्रिया

कार्य र घटनाको अवधि जनाइन्छ ।

⑦ 会議は　5時までに　終わります。　　　(७) बैठक ५ बजे समाप्त हुन्छ ।

⑧ 土曜日までに　本を　返さなければ　なりません。

(८) शनिबार सम्ममा पुस्तक फिर्ता गर्नुपर्छ ।

[सावधानी] पाठ ४ मा अध्ययन गरेका विभक्ति まで ले जारी भइरहेको कार्यको अन्त भनेर जनाइन्छ । स्वरुप त्यस्तै देखिने भएकोले ध्यान दिनु होला ।

⑨ 5時まで　働きます。　　　　　　(९) ५ बजेसम्म काम गर्छु ।

# पाठ १८

## I. शब्दावली

| | | |
|---|---|---|
| できますⅡ | | गर्न सक्नु |
| あらいますⅠ | 洗います | धुनु |
| ひきますⅠ | 弾きます | बजाउनु |
| うたいますⅠ | 歌います | गाउनु |
| あつめますⅡ | 集めます | जम्मा गर्नु संकलन |
| すてますⅡ | 捨てます | फाल्नु |
| かえますⅡ | 換えます | साट्नु |
| うんてんしますⅢ | 運転します | चलाउनु |
| よやくしますⅢ | 予約します | रिजर्व गर्नु |
| | | |
| ピアノ | | पियानो |
| | | |
| ーメートル | | −मिटर |
| | | |
| げんきん | 現金 | नगद |
| | | |
| しゅみ | 趣味 | सौख, हबी |
| にっき | 日記 | डायरी |
| | | |
| おいのり | お祈り | प्रार्थना (〜を します ：प्रार्थना) |
| | | |
| かちょう | 課長 | शाखा प्रमुख |
| ぶちょう | 部長 | विभाग प्रमुख |
| しゃちょう* | 社長 | कम्पनीको प्रमुख |
| | | |
| どうぶつ | 動物 | जनावर |
| うま | 馬 | घोडा |
| | | |
| インターネット | | इन्टरनेट |

**〈会話(かいわ)〉**

| | |
|---|---|
| 特(とく)に | विशेषगरी |
| へえ | साँच्चै ! (अच्चम हुँदा जनाईन्छ) |
| それは おもしろいですね。 | त्यो चाखलाग्दो छ है ? |
| なかなか | सजिलै हुन्न (नकारात्मक जनाउँदा) |
| ほんとうですか。 | साँच्चै हो ? |
| ぜひ | निश्चय |

---

| | |
|---|---|
| 故郷(ふるさと) | जन्मस्थल |
| ビートルズ | बिटल्स (बेलायेती पप ग्रुप) |
| 秋葉原(あきはばら) | टोकियोको एक शहर |

18

## II. अनुवाद

### वाक्यको संरचना

१. मिलर जी खान्जी पढ्न सक्नुहुन्छ ।
२. मेरो सौख चलचित्र हेर्नु हो ।
३. सुत्नु अगाडि, डायरी लेख्छु ।

### वाक्यको उदाहरण

१. गाडी चलाउन सक्नुहुन्छ ?
......अँ, सक्छु ।
२. मारिया जी साईकल चलाउन सक्नुहुन्छ ?
......अहँ, सक्दिन ।
३. ओसाका दरवार कति बजेसम्म अवलोकन गर्न सकिन्छ ?
......५ बजेसम्म हो ।
४. कार्डले तिर्न सकिन्छ ?
......माफ गर्नुहोस् । कृपया नगदले तिर्नुहोस् ।
५. सौख के हो ?
......पुरानो घडी संकलन गर्नु हो ।
६. जापानको बच्चाले पनि विद्यालय जानु अगाडि, हिरागाना याद नगरी हुँदैन हो ?
......होईन, याद गर्नु पर्दैन ।
७. खाना खानु अगाडि, यो औषधि खानुहोस् ।
......अँ, थाहा पाएँ ।
८. कहिले बिहे गर्नु भएको थियो ?
......३ बर्ष अगाडि, बिहे गरें ।

### संवाद

**सौख के हो ?**

यामादा: सन्तोष जीको सौख के हो ?
सन्तोष: फोटोग्राफी हो ।
यामादा: कस्तो खालको फोटो खिच्नुहुन्छ ?
सन्तोष: जनावरको फोटो खिच्छु । विशेषगरी घोडा मनपर्छ ।
यामादा: ओहो, त्यो त चाखलाग्दो छ है ।
जापानमा आएपछि, घोडाको फोटो खिच्नुभयो ?
सन्तोष: छैन ।
जापानमा सजिलै घोडा हेर्न सकिन्न ।
यामादा: होक्काईडोमा घोडा धैरै छन् ।
सन्तोष: साँच्चै हो ?
त्यसो भए, गर्मी बिदामा अवश्य जान मन छ ।

## III. उपयोगी शब्द र जानकारी

### 動き　गतिविधि

| | | | |
|---|---|---|---|
| 飛ぶ　उड्नु  | 跳ぶ　उफ्रिनु  | 登る　चढ्नु  | 走る　दौड्नु  |
| 泳ぐ　पौडिनु  | もぐる　डुबुल्की मार्नु  | 飛び込む　हाम फाल्नु  | 逆立ちする　उल्टो उठ्नु  |
| はう　घस्रनु  | ける　हान्नु  | 振る　हल्लाउनु  | 持ち上げる　माथि उठाउनु  |
| 投げる　फाल्नु  | たたく　पिट्नु  | 引く　तान्नु  | 押す　धकेल्नु, घचेड्नु  |
| 曲げる　बङ्ग्याउनु  | 伸ばす　लम्ब्याउनु  | 転ぶ　लड्नु  | 振り向く　पछाडि फर्केर हेर्नु  |

115

18

## IV. व्याकरण व्याख्या

### १. क्रिया शब्दकोश स्वरुप

यो क्रियाको मुख्य स्वरुप भई, शब्दकोशमा उल्लेख गरिएको क्रियाको स्वरुप हो । क्रियाको ます को स्वरुपबाट शब्दकोशको स्वरुपमा लाने तरिकालाई, निम्न क्रियाको समूह अनुसार बनाइन्छ । (मुख्य पुस्तक पाठ १८ अभ्यास A१ हेर्नुहोस्)

१) क्रिया समूह I
ます स्वरुपको अगाडिको अक्षरको आवाज い स्तम्भलाई う स्तम्भमा परिवर्तन गर्ने ।

| か<u>き</u>ーます | → | か<u>く</u> | い<u>そぎ</u>ーます | → | いそ<u>ぐ</u> |
|---|---|---|---|---|---|
| よ<u>み</u>ーます | → | よ<u>む</u> | あ<u>そび</u>ーます | → | あそ<u>ぶ</u> |
| と<u>り</u>ーます | → | と<u>る</u> | ま<u>ち</u>ーます | → | ま<u>つ</u> |
| す<u>い</u>ーます | → | す<u>う</u> | はな<u>し</u>ーます | → | はな<u>す</u> |

२) क्रिया समूह II
ます को स्वरुपको ます लाई हटाएर る लाई जोड्ने ।

た<u>べ</u>ーます → た<u>べ</u>ーる
<u>み</u>ーます → <u>み</u>ーる

३) क्रिया समूह III
します को शब्दकोश स्वरुप する, きます शब्दकोष स्वरुप くる हुन्छ ।

### २.

| संज्ञा | | |
|---|---|---|
| क्रिया शब्दकोश स्वरुप こと | が できます | गर्न सक्छु |

できます ले त्यस व्यक्ति भएको क्षमताबाट केहि गर्न सक्छ वा त्यस परिस्थिति अनुसार गर्न सक्ने अवस्था जनाउने क्रिया हो । できます कर्ममा が जनाउँदछ । क्षमता वा सम्भावना भएको बिशेष वस्तु लाई संज्ञा वा क्रियाको शब्दकोशसंग こと राखेर व्यक्त गरिन्छ ।

१) संज्ञाको मामलामा
क्रियाको संज्ञा (うんてん、かいもの、スキー、ダンス) मा प्रयोग गरिन्छ । साथै にほんご वा ピアノ जस्ता कौशलता जनाउने संज्ञाहरुमा पनि प्रयोग गरिन्छ ।

① ミラーさんは 日本語が できます。　　(१) मिलर जी जापानी भाषा बोल्न सक्नुहुन्छ ।

② 雪が たくさん 降りましたから、ことしは スキーが できます。
(२) हिउँ धेरै परेको हुनाले, यस बर्ष स्की गर्न सकिन्छ ।

२) क्रियाको अवस्थामा
कुनै कार्य गर्न सक्छ भन्ने अवस्थामा क्रियाको शब्दकोश स्वरुपमा こと लाई संज्ञाको वाक्यांश बनाई, त्यसको पछाडि が できます आउँदछ ।

③ ミラーさんは <u>漢字を 読む</u> ことが できます。
(वाक्यांश)
(३) मिलर जी खान्जी पढ्न सक्नुहुन्छ ।

④ <u>カードで 払う</u> ことが できます。　　(४) कार्डले तिर्न सक्नुहुन्छ ।
(वाक्यांश)

116

18

३. | わたしの 趣味(しゅみ)は { **संज्ञा** / **क्रिया शब्दकोश स्वरुप** こと } です | मा रुचि छ

⑤ わたしの 趣味(しゅみ)は 音楽(おんがく)です。 (५) मेरो रुचि संगीत हो ।

क्रियाको शब्दकोश स्वरुपमा こと को प्रयोग गऱ्यो भने, रुचिको बिषयको अझ ठोस रुपमा व्यक्त गर्न सकिन्छ ।

⑥ わたしの 趣味(しゅみ)は 音楽(おんがく)を 聞(き)く ことです。(६) मेरो रुचि संगीत सुन्नु हो ।

४. | **क्रिया$_1$ शब्दकोश स्वरुप** / **संज्ञा**の / **मात्रा (अवधि)** } まえに、**क्रिया$_2$** | अगाडि

१) क्रियाको अवस्थामा

पहिलो क्रिया$_1$ हुनुभन्दा अगाडि दोस्रो क्रिया$_2$ हुन्छ भनेर व्यक्त गरिन्छ । वाक्यको कालले (क्रिया$_2$ को काल) भूतकाल जनाए पनि, वर्तमान काल जनाए पनि क्रिया$_1$ जहिले पनि शब्दकोश स्वरुप नै हुन्छ भन्ने कुरा ध्यान दिनु होला ।

⑦ 日本(にほん)へ 来(く)る まえに、日本語(にほんご)を 勉強(べんきょう)しました。

(७) जापान आउनु अगाडि, जापानी भाषा पढें ।

⑧ 寝(ね)る まえに、本(ほん)を 読(よ)みます。 (८) सुत्न अगाडि, पुस्तक पढ्छु ।

२) संज्ञाको अवस्थामा

संज्ञाको पछाडि の लाई जोडिन्छ । गतिशिल संज्ञा व्यक्त गर्ने संज्ञा प्रयोग गरिन्छ ।

⑨ 食事(しょくじ)の まえに、手(て)を 洗(あら)います。 (९) खाना खान अगाडि, हात धुन्छु ।

३) मात्रा (अवधि) को अवस्थामा

मात्रा (अवधि) को पछाडि, の लाई जोड्नु हुँदैन ध्यान दिनुहोला ।

⑩ 田中(たなか)さんは 1時間(じかん)まえに、出(で)かけました。

(१०) तानाका जी १ घण्टा अगाडि, बाहिर जानुभयो ।

५. | なかなか |

なかなか को पछाडि नकारात्मक अभिव्यक्तको साथमा, यसको मतलब सजिलै चिन्न, अपेक्षित रुपमा हैन छैन ईत्यादी जनाइन्छ ।

⑪ 日本(にほん)では なかなか 馬(うま)を 見(み)る ことが できません。

(११) जापानमा सजिलै घोडा हेर्न गाह्रो छ ।

[सावधानी] उदाहरण (११) मुख्य पुस्तकको पाठ १८ संवाद हेर्नुहोस् । にほんで लाई मुख्य विषयको वाक्य हो । यसरी で भएको संज्ञाको विषय गर्ने बेला संज्ञा では हुन्छ । が र を बाहेकको विभक्ति जोडिएको शब्दलाई मुख्य बिषय गर्नको लागि स्तम्भ (कोलम) हेर्नुहोस् ।

६. | ぜひ |

वक्ताले इच्छा व्यक्त गर्ने बेला संगै प्रयोग गरी बलियो अर्थ लगाउँछ ।

⑫ ぜひ 北海道(ほっかいどう)へ 行(い)きたいです。 (१२) होक्काइडोमा अवश्य जान चाहन्छु ।

⑬ ぜひ 遊(あそ)びに 来(き)て ください。 (१३) अवश्य खेल्न आउनुहोस् ।

18

# पाठ १९

## I. शब्दावली

| | | |
|---|---|---|
| のぼります I | 登ります、上ります | चढ्नु |
| とまります I | 泊まります | बास बस्नु (होटलमा) |
| ［ホテルに～］ | | |
| そうじします III | 掃除します | सफा गर्नु (कोठा) |
| せんたくします III | 洗濯します | धुनु (कपडा) |
| なります I | | हुनु |
| | | |
| ねむい | 眠い | निन्द्रा लाग्नु |
| つよい | 強い | बलियो |
| よわい* | 弱い | कमजोर |
| | | |
| れんしゅう | 練習 | अभ्यास (～［を］します：अभ्यास गर्नु) |
| | | |
| ゴルフ | | गोल्फ (～を します：गोल्फ खेल्नु) |
| すもう | 相撲 | सुमोउ (～を します：सुमोउ खेल्नु) |
| | | |
| おちゃ | お茶 | चियापान कार्यक्रम |
| ひ | 日 | दिन, मिति |
| | | |
| ちょうし | 調子 | अवस्था |
| | | |
| いちど | 一度 | एक पटक |
| いちども | 一度も | कहिल्यै पनि (नकारात्मक जनाउँछ) |
| だんだん | | क्रमिक रुपले, बिस्तारै |
| もうすぐ | | चाँडै, छिट्टै |
| | | |
| おかげさまで | | धन्यवाद (अरुको करणले आफु सफल हुदाँ भनिन्छ) |
| | | |
| でも | | तर |

118

19

**〈会話（かいわ）〉**

| | |
|---|---|
| 乾杯（かんぱい） | चियर्स |
| ダイエット | आहार (～を します : डाईटिङ्ग गर्नु) |
| 無理（むり）[な] | असम्भव |
| 体（からだ）に いい | स्वास्थ्य लाई राम्रो |

---

| | |
|---|---|
| 東京（とうきょう）スカイツリー | टोकियो स्काई ट्री (टोकियोमा भएको अवलोकन गर्ने टावर) |
| 葛飾北斎（かつしかほくさい） | एदो अवधिको प्रशिद्ध कलाकार र चित्रकार (१७६०～१८४९) |

## II. अनुवाद

### वाक्यको संरचना

१. सुमोउ हेर्नु भएको छ ।
२. बिदाको दिन टेनिस खेल्ने, हिँड्डुल गर्ने गर्छु ।
३. अबदेखि झन्झन् गर्मी बढ्छ ।

### वाक्यको उदाहरण

१. होक्काईडो जानु भएको छ ?
......अँ, एकचोटि गएको छु । २ बर्ष अगाडि साथीसंग गएको थिएँ ।
२. घोडा चढ्नु भएको छ ?
......अहँ, एकचोटि पनि छैन । अवश्य चढ्ने मन छ ।
३. जाडो महिनामा के गर्नुभयो ?
......क्योटोको मन्दिर र देवालय हेरें, साथीसंग पार्टी गरें ।
४. जापानमा के गर्न मन छ ?
......भ्रमण गर्ने, चियाको अध्ययन गर्न मन छ ।
५. स्वास्थ्यको अवस्था कस्तो छ ?
......हजुरको कृपाले राम्रो भयो ।
६. जापानी भाषा सिपालु भयो है ।
......धन्यवाद । तरपनि अझ धेरै सिक्न बाँकी छ ।
७. तेरेजा के बन्न चाहनुहुन्छ ?
......चिकित्सक बन्न चाहन्छु ।

### संवाद

#### डायट भोलि देखि गर्छु

सबैजना: चियर्स ।

..........................................................................

माचुमोतो योसिको: मारिया जी त्यत्ति खानुभएन है ।
मारिया: अँ । हिजोदेखि डायट गरेको छु ।
माचुमोतो योसिको: हो र । मैलेपनि डायट गरेको थिएँ ।
मारिया: कस्तो डायट हो ?
माचुमोतो योसिको: हरेक दिन स्याउ मात्र खाने र पानी धेरै पिउने गरेको थिएँ ।
तर नसक्ने गरी डायट गर्यो भने शरीरलाई राम्रो हुँदैन ।
मारिया: हो है ।
माचुमोतो योसिको: मारिया जी, यो आईसक्रिम मिठो छ ।
मारिया: हो र ।
......। डायट फेरि भोलिदेखि गर्छु ।

19

# III. उपयोगी शब्द र जानकारी

<ruby>伝統文化<rt>でんとうぶんか</rt></ruby>・<ruby>娯楽<rt>ごらく</rt></ruby>　परम्परागत संस्कृति र मनोरञ्जन

| <ruby>茶道<rt>さどう</rt></ruby> चियापान समारोह (お茶) | <ruby>華道<rt>かどう</rt></ruby> फूल सजाउनु (生け花) | <ruby>書道<rt>しょどう</rt></ruby> हस्तलिपि |
| <ruby>歌舞伎<rt>かぶき</rt></ruby> खाबुकी | <ruby>能<rt>のう</rt></ruby> नोउ | <ruby>文楽<rt>ぶんらく</rt></ruby> बुनराकु |
| <ruby>相撲<rt>すもう</rt></ruby> सुमो | <ruby>柔道<rt>じゅうどう</rt></ruby> जुडो | <ruby>剣道<rt>けんどう</rt></ruby> केन्दो |
| <ruby>空手<rt>からて</rt></ruby> कराँते | <ruby>漫才<rt>まんざい</rt></ruby>・<ruby>落語<rt>らくご</rt></ruby> मानजाइ, राकुगो | <ruby>囲碁<rt>いご</rt></ruby>・<ruby>将棋<rt>しょうぎ</rt></ruby> गो, स्योगी |
| パチンコ पाचिन्को | カラオケ खाराओके | <ruby>盆踊り<rt>ぼんおどり</rt></ruby> बोन नाच |

121

19

## IV. व्याकरण व्याख्या

### १. क्रियाた स्वरुप

た अथवा だ मा अन्त्य हुने क्रियाको प्रयोग गर्ने स्वरुपलाई た स्वरुप भनिन्छ । た स्वरुप क्रियाको て, で स्वरुपलाई क्रमश: た, だ परिवर्तन गरेर बनाइन्छ । (मुख्य पुस्तक १९ अभ्यास A१ हेर्नुहोस्)

て स्वरुप → た स्वरुप
かいて → かいた
のんで → のんだ
たべて → たべた
きて → きた
して → した

### २. क्रियाた स्वरुप ことが あります ......... गरेको छु

विगतमा गरेको कुराको वयान गर्ने बेलामा, अनुभवको कुरा व्यक्त गर्ने तरिका हो ।

① 馬に 乗った ことが あります。　(१) घोडा चढेको छु ।

विगतको कुनै बेला कुनै क्रियाकलाप गरेको थियो भनि केवल विगतको कुरा बताउँदा, भूतकालको स्वरुप प्रयोग गरिन्छ भन्ने कुरामा ध्यान दिनुहोस् ।

② 去年 北海道で 馬に 乗りました。　(२) गत बर्ष होक्काइडोमा घोडा चढें ।

### ३. क्रिया$_१$た स्वरुप り、क्रिया$_२$た स्वरुप り します　क्रिया$_१$, क्रिया$_२$ गर्ने ......गर्दछु

दुई वा दुईभन्दा बढी सामान्य संज्ञाहरु एउटै पंक्तिमा पंक्तिबद्ध गर्ने बेलामा विभक्ति や लाई प्रयोग गरिन्छ, तर केहि सामान्य कार्यहरु वर्णन गर्दा, यस वाक्य वनावटको प्रयोग गरिन्छ । यसमा काललाई वाक्यको अन्तिममा जनाइन्छ ।

③ 日曜日は テニスを したり、映画を 見たり します。
　(३) आइतबार टेनिस खेल्ने, चलचित्र हेर्ने गर्छु ।

④ 日曜日は テニスを したり、映画を 見たり しました。
　(४) आइतबार टेनिस खेल्ने, चलचित्र हेर्ने कार्य गरें।

[सावधानी] पाठ १६ मा अध्ययन गरेको क्रिया$_१$ て स्वरुप [क्रिया$_२$ て स्वरुप,] क्रिया$_३$ प्रयोग गर्ने भन्दा फरक छ भन्ने कुराको ध्यान दिनुहोला । दिनुहोला て स्वरुप [क्रिया$_२$ て स्वरुप,] क्रिया$_३$ दुईभन्दा बढी क्रमबद्ध रुपमा पछिको कार्यहरुको बयान गर्दछ ।

⑤ 日曜日は テニスを して、映画を 見ました。
　(५) आइतबार टेनिस खेलेर, चलचित्र हेरें ।

तर, क्रिया$_१$た स्वरुप り क्रिया$_२$た स्वरुप り します जनाउने कार्यहरुको बिचमा समयसंग मतलब छैन । कार्यहरु मुख्य रुपमा जनाउनको लागि यस वाक्य बनावटमा, हरेक दिन अवश्य गर्ने कार्यहरु (बिहान उठ्नु, खाना खानु, राति सुत्नु ईत्यादि) मा प्रयोग गर्‍यो भने अप्राकृतिक देखिन्छ ।

122
19

४. 

| | | |
|---|---|---|
| いविशेषण (～~~い~~)→～く<br>なविशेषण [~~な~~]→～に<br>संज्ञाに | なります | हुनु |

なります कुनै अवस्थाको परिवर्तन भएको जनाउँदछ ।

⑥ 寒(さむ)い → 寒(さむ)く なります चिसो हुन्छ

⑦ 元気(げんき)[な] → 元気(げんき)に なります स्वस्थ हुन्छु

⑧ 25歳(さい) → 25歳(さい)に なります २५ बर्ष हुन्छु

19

# पाठ २०

## I. शब्दावली

| | | |
|---|---|---|
| いりますⅠ<br>　［ビザが〜］ | 要ります | चाहिन्छ<br>　［भिसा］ |
| しらべますⅡ | 調べます | जाँच, लेखाजोखा, खोजतलास, छानबिन |
| しゅうりしますⅢ | 修理します | मर्मत गर्नु |
| | | |
| ぼく | 僕 | म (わたし को लोग्ने मान्छेले प्रयोग गर्ने<br>　अनौपचारिक शब्द) |
| きみ* | 君 | तिमी (あなた को अनौपचारिक शब्द) |
| 〜くん | 〜君 | 〜जी (〜さん को अनौपचारिक शब्द) |
| | | |
| うん | | अँ (はい को अनौपचारिक शब्द) |
| ううん | | हुन्न, नाई (いいえ को अनौपचारिक शब्द) |
| | | |
| ことば | | शब्द |
| きもの | 着物 | किमोनो (परम्परागत जापानी लुगा) |
| | | |
| ビザ | | भिसा |
| | | |
| はじめ | 初め | शुरुमा |
| おわり | 終わり | अन्तमा |
| | | |
| こっち* | | यता (こちら को अनौपचारिक शब्द) |
| そっち | | त्यता (そちら को अनौपचारिक शब्द) |
| あっち* | | उ त्यता (あちら को अनौपचारिक शब्द) |
| どっち | | कता (どちら को अनौपचारिक शब्द) |
| | | |
| みんなで | | सबैले |
| 〜けど | | 〜तर (が को अनौपचारिक शब्द) |
| おなかが　いっぱいです | | टन्न छु |

124

**20**

〈会話〉

・ よかったら　　　　　　　　　　हजुरलाई मिल्छ भने

　いろいろ　　　　　　　　　　　विभिन्न

## II. अनुवाद

### वाक्यको संरचना

१. सन्तोष जी पार्टीमा आउनुभएन ।
२. टोकियोमा मान्छे धेरै ।
३. ओकिनावाको समुन्द्र राम्रो थियो ।
४. आज मेरो जन्मदिन हो ।

### वाक्यको उदाहरण

१. आईसक्रिम खाने ?
......अँ, खाने ।
२. त्यहाँ कैंची छ ?
......अहँ, छैन ।
३. हिजो किमुरा जीलाई भेट्नु भयो ?
......अहँ, भेटेको थिएन ।
४. त्यो तरकारी मिठो ?
......अँ, पिरो तर मिठो ।
५. भोलि सबैजना क्योटो नजाने ?
......अँ, हुन्छ नि ।
६. के खान मन छ ?
......अहिले पेट भरेकोले, केहि पनि खान मन छैन ।
७. अहिले फुर्सद ?
......अँ, फुर्सद । केहि छ ?
अलिकति सहयोग गर्नु ।
८. शब्दकोश छ ?
......अहँ, छैन ।

### संवाद

#### संगै नजाने ?

कोबायासी: गर्मी बिदामा मातृभूमि फर्किने ?
थावापोन: अहँ । फर्किन मन छ...... ।
कोबायासी: ए हो ।
थावापोन फूजि हिमाल चढ्नु भएको छ ?
थावापोन: अहँ, छैन ।
कोबायासी: मिल्छ भने संगै नजाने ?
थावापोन: अँ । कहिले ?
कोबायासी: अगस्तको शुरुतिर कस्तो होला ?
थावापोन: हुन्छ नि ।
कोबायासी: त्यसो भए, विभिन्न पत्ता लगाएर, फेरि फोन गर्छु है ।
थावापोन: धन्यवाद । पर्खिरहन्छु है ।

## III. उपयोगी शब्द र जानकारी

### 人の 呼び方　　व्यक्तिलाई बोलाउने तरिका

| | |
|---|---|
| お兄ちゃん お姉ちゃん！<br>はーい | 12歳　ああ！そうか。<br>パパ、きょうは 太郎の 誕生日よ。 |
| तारो, हानाको ! | बाबा, आज तारोको जन्मदिन !! |

परिवारभित्र कसैलाई सम्बोधन गर्दा, सबभन्दा कान्छोले कसरी सम्बोधन गर्छ, त्यहि अनुसार गर्दछ । जस्तै, अभिवावकले ठुलोछोरा र ठुलोछोरीलाई 「おにいちゃん」, 「おねえちゃん」 सम्बोधन गर्दछ । अर्थात् सबभन्दा कान्छो भाइ र कान्छी बहिनीले कसरी सम्बोधन गर्छ, त्यसरी नै सम्बोधन गर्दछ । अभिवावकले बच्चाहरुको अगाडि श्रीमानले श्रीमतीलाई सम्बोधन गर्दा 「おかあさん」 अर्थात् 「ママ」 भनेर बोलाउँदछ । श्रीमतीले र श्रीमानलाई सम्बोधन गर्दा 「おとうさん」 「パパ」 भनेर सम्बोधन गर्दछ । तर आजकल सम्बोधन गर्ने तरिका परिवर्तन हुँदै गईरहेको छ ।

127

| | | |
|---|---|---|
| 部長、サイン お願いします。 | お客様、よく お似合いですよ。 | 先生、おなかが 痛いんです。 |
| सर, कृपया साइन गरिदिनुहोस् । | हजुरलाई, यो टाई सुहाँउछ । | डाक्टर साहेब, मलाई पेट दुखेको छ । |

जापानी समाजमा कसैलाई सम्बोधन गर्दा, त्यस व्यक्तिको पद अनुसार गर्दछ । जस्तै, काम गर्ने ठाँउमा माथिल्लो तहको कर्मचारीलाई तल्लो तहको कर्मचारीले पद अनुसार सम्बोधन गर्दछ । पसलेले ग्राहकलाई 「おきゃくさま」 भनेर सम्बोधन गर्दछ । बिरामीले डाक्टरलाई 「せんせい」 भनेर सम्बोधन गर्दछ ।

**20**

## IV. व्याकरण व्याख्या

### १. विनम्र शैली र सामान्य शैली

जापानी भाषाको वाक्य शैलीमा विनम्र शैली र सामान्य शैली गरेर २ प्रकारका छन् ।

| विनम्र शैली | सामान्य शैली |
|---|---|
| あした 東京(とうきょう)へ 行(い)きます。<br>भोली टोकियोमा जान्छु । | あした 東京(とうきょう)へ 行(い)く。<br>भोली टोकियो जाने । |
| 毎日(まいにち) 忙(いそが)しいです。<br>हरेक दिन व्यस्त छु । | 毎日(まいにち) 忙(いそが)しい。<br>हरेक दिन व्यस्त । |
| 相撲(すもう)が 好(す)きです。<br>सुमोउ मन पर्छ । | 相撲(すもう)が 好(す)きだ。<br>सुमोउ मन पर्छ । |
| 富士山(ふじさん)に 登(のぼ)りたいです。<br>फूजि हिमाल चढ्न चाहन्छु । | 富士山(ふじさん)に 登(のぼ)りたい。<br>फूजि हिमाल चढ्न चाहन्छु । |
| ドイツへ 行(い)った ことが ありません。<br>जर्मनीमा गएको छैन । | ドイツへ 行(い)った ことが ない。<br>जर्मनीमा गएको छैन । |

विनम्र शैलीको वाक्यमा प्रयोग गर्न です, ます को प्रयोग गरेको स्वरुप विनम्र शैली, सामान्य शैलीको वाक्यमा प्रयोग गर्ने स्वरुप सामान्य स्वरुप भनेर भनिन्छ । (मुख्य पुस्तक पाठ २० अभ्यास A१ हेर्नुहोस्)

### २. विनम्र शैली सामान्य शैलीको प्रयोग गर्ने तरिका

१) संवाद

पहिलोचोटि भेट भएको व्यक्ति वा वरिष्ठ व्यक्ति साथै एउटै उमेर तर त्यति नजिक नभएकोलाई विनम्र शैलीको प्रयोग गर्छ । नजिकको साथी वा सहकर्मी परिवारसंग संवाद गर्दा सामान्य शैलीको प्रयोग गर्छ । सामान्य शैलीको विपक्षलाई प्रयोग गर्दा गल्ती भयो भने अशिष्ट हुन्छ । सामान्य शैली प्रयोग गर्न हुने विपक्ष हो, होइन ध्यान दिनु आवश्यक छ ।

२) लेख्ने बेला

सामान्यतया, चिठ्ठीमा धेरैजसो विनम्र शैली बढी प्रयोग हुन्छ । सामान्य (थेसिस), प्रतिवेदन, दैनिकीमा सामान्य शैलीको प्रयोग गर्दछ ।

### ३. सामान्य शैलीको संवाद

१) सामान्यतया सामान्य सोधपुछ गर्दा प्रयोग गर्न वाक्यको अन्तिममा か लाई नजोडी のむ(↗) のんだ(↗) जस्ता स्वरुप प्रयोग गरी शब्दको अन्तिम उच्चारणमा जोड दिएर बोलिन्छ ।

① コーヒーを 飲(の)む？(↗)　　(१) कफी पिउने ?
……うん、飲(の)む。(↘)　　......अँ, पिउने ।

२) संज्ञा र な विशेषणको प्रयोग गरी प्रश्न गर्दा です को सामान्य स्वरुप だ ले छोट्याइन्छ । सकारात्मक उत्तरको अवस्थामा だ शब्दले भन्दा कठोर अनुभव गर्ने भएकोले, だ लाई छुट्याउने वा वाक्यको अन्तिममा नरम विभक्ति प्रयोग गरेर उच्चारण गरिन्छ ।

② 今晩 暇？              (२) आज राति फुर्सद ?

　……うん、暇／暇だ／暇だよ。      ......अँ, फुर्सद । (केटाले प्रयोग)

　……うん、暇／暇よ／暇だよ。      ......अँ, फुर्सद । (केटीले प्रयोग)

　……ううん、暇じゃ ない。         ......अहँ, फुर्सद छैन ।

३) सामान्य शैलीको वाक्यमा, अगाडि पछाडिबाट अर्थ बुझ्ने बेलामा विभक्ति धेरैजसो छुट्याउँछ ।

③ ごはん[を] 食べる？            (३) खाना खाने ?

④ あした 京都[へ] 行かない？      (४) भोलि क्योटो जाने ?

⑤ この りんご[は] おいしいね。      (५) यो स्याउ मिठो छ है ।

⑥ そこに はさみ[が] ある？        (६) त्यहाँ कैंची छ ?

तर, で, に, から, まで, と इत्यादि विभक्तिले छुट्याउँदा, वाक्यको अर्थ अस्पष्ट हुने भएकोले छुट्याउँदैन ।

४) सामान्य शैलीको वाक्यमा क्रिया て स्वरुप いる को い लाई धेरैजसो हटाइन्छ ।

⑦ 辞書、持って [い]る？          (७) शब्दकोश छ ?

　……うん、持って [い]る。        ......अँ, छ ।

　……ううん、持って [い]ない。     ......अहँ, छैन ।

५) けど

けど र が वाक्यमा प्रयोग गर्ने स्वरुप र अर्थ एउटा दिन्छ । यसरी कुराकानी गर्ने वाक्यमा बढि गरिन्छ ।

⑧ その カレー[は] おいしい？      (८) त्यो करी मिठो ?

　……うん、辛いけど、おいしい。    ......अँ, पिरो तर मिठो ।

⑨ 相撲の チケット[が] あるけど、いっしょに 行かない？

(९) सुमोउको टिकेट छ, संगै जाने होइन ?

　……いいね。                  ......हुन्छ है ।

129

20

# पाठ २१

## I. शब्दावली

| | | |
|---|---|---|
| おもいますⅠ | 思います | जस्तो लाग्नु, विचारमा |
| いいますⅠ | 言います | भन्नु |
| | | |
| かちますⅠ | 勝ちます | जित्नु |
| まけますⅡ* | 負けます | हार्नु, कुटिनु |
| ありますⅠ | | छ |
| ［おまつりが～］ | ［お祭りが～］ | [चाड, महोत्सव～] |
| やくに たちますⅠ | 役に 立ちます | उपयोग हुनु, उपयोगी |
| うごきますⅠ | 動きます | चल्नु |
| やめますⅡ | | छोड्नु |
| ［かいしゃを～］ | ［会社を～］ | [कम्पनी～] |
| きを つけますⅡ | 気を つけます | ध्यान दिनु |
| りゅうがくしますⅢ | 留学します | बिदेश पढ्न जानु |
| | | |
| むだ［な］ | | बेकार |
| ふべん［な］ | 不便［な］ | असुविधाजनक |
| | | |
| すごい | | एकदम (धेरै राम्रो, नराम्रो वा अनौठो चिज देख्दा प्रयोग हुन्छ) |
| | | |
| ほんとう | | साँच्चै |
| うそ* | | झुट |
| | | |
| じどうしゃ | 自動車 | कार, गाडी |
| こうつう | 交通 | परिवहन, ओसार्नु |
| ぶっか | 物価 | भाउ, मूल्य (वस्तु) |
| | | |
| ほうそう | 放送 | प्रसारण |
| ニュース | | समाचार |
| | | |
| アニメ | | एनिमेसन, कार्टून (जापानी एनिमेसन फिल्म) |
| マンガ | | कमिक |
| デザイン | | नमुना, बनावट |
| ゆめ | 夢 | सपना |
| てんさい | 天才 | प्रतिभाशाली, अपूर्व बुद्धी |
| | | |
| しあい | 試合 | खेल (～を します : खेल खेल्नु) |

| いけん | 意見 | विचार, राय |
|---|---|---|
| はなし | 話 | कुरा (～を します : कुरा गर्नु) |

| ちきゅう | 地球 | पृथ्वी |
|---|---|---|
| つき | 月 | चन्द्रमा |

| さいきん | 最近 | हालसालै, आजकल |
|---|---|---|
| たぶん | | सायद, सम्भावना |
| きっと | | पक्कै, निश्चय |
| ほんとうに | | साँच्चै नै |
| そんなに | | त्यत्रो (नकारात्मकमा प्रयोग हुन्छ) |

| ～に ついて | | ～को बारेमा |
|---|---|---|

〈会話〉

| 久しぶりですね。 | धेरै पछि भेट भयो है। |
|---|---|
| ～でも 飲みませんか。 | ～यो भएपनी पिउनु हुन्न ? |
| もちろん | अवश्य |
| もう 帰らないと……。 | अब फर्किनै पर्छ……। |

························································

| アインシュタイン | अल्बर्ट एइन्स्टाईन (१८७९〜१९५५) |
|---|---|
| ガガーリン | युरी अलेक्सेयेविच गागरिन (१९३४〜१९६८) |
| ガリレオ | गालीलेओ ग्यालिली (१५६४〜१६४२) |
| キング牧師 | मार्टिन लुथर किङ्ग (१९२९〜१९६८) |
| フランクリン | बेन्जामिन फ्रंक्लिन (१७०६〜१७९०) |
| かぐや姫 | प्रिन्सेस खागुयाहिमे (पुरानो जापानी लोक कथा [竹取物語]की नायिका) |
| 天神祭 | तेन्जिन महोत्सव (ओसाकाको महोत्सव) |
| 吉野山 | योसिनो पहाड (नारामा भएको पहाड) |
| カンガルー | कंगारू |
| キャプテン・クック | क्याप्टेन जेम्स कुक (१७२८〜१७७९) |
| ヨーネン | काल्पनिक कम्पनी |

## II. अनुवाद

### वाक्यको संरचना

१. मेरो विचारमा भोलि पानी पर्छ होला ।

२. मैले बुबालाई बिदेशमा पढ्न चाहन्छु भने ।

३. थाक्यौ होला है ?

### वाक्यको उदाहरण

१. मिलर जी कहाँ हुनुहुन्छ ?
......मेरो विचारमा घर फर्किनु भयो होला ।

२. मिलर जीलाई यो समाचार थाहा छ ?
......अहँ, थाहा छैन होला ।

३. काम र परिवारमा कुन महत्त्वपूर्ण छ ?
......दुवै महत्त्वपूर्ण जस्तो छ ।

४. जापानको बारेमा के विचार छ ?
......बस्तुभाउ महँगो छ जस्तो लाग्छ ।

५. खाना अगाडि, प्रार्थना गर्नुहुन्छ ?
......अहँ, गर्दिन तर, 「ईतादाकिमास्」 भन्छु ।

६. खागुयाहिमेले चन्द्रमामा नफर्कि हुँदैन भनेर भन्यो ।
त्यसपछि, चन्द्रमामा फर्कियो । समाप्त ।
......समाप्त ? आमा, म पनि चन्द्रमामा जान चाहन्छु ।

७. बैठकमा के कस्तो राय भन्नुभयो ?
......हो । नचाहिने फोटोकपी धेरै बढि भयो भनेर भन्यो ।

८. जुलाई महिनामा क्योटोमा चाडपर्व छ है ?
......अँ, छ ।

### संवाद

## मलाई पनि त्यस्तै लाग्छ

माचुमोतो: सन्तोष जी धेरै समयपछि तपाईंलाई भेटें है ।

सन्तोष: माचुमोतो जी सन्चै हुनुहुन्छ ?

माचुमोतो: अँ । बियर अलिकति भएपनि पिउने होइन ?

सन्तोष: हुन्छ नि ।

........................................................

सन्तोष: आज राति १० बजेबाट जापान र ब्राजिलको फुटबल खेल छ है ।

माचुमोतो: अँ, हो हगि ।
सन्तोष जी कुन देशले जित्छ जस्तो लाग्छ ?

सन्तोष: अवश्य ब्राजिल हो ।

माचुमोतो: हो नि । तर, अहिले जापान पनि बलियो भएर आएको छ है ।

सन्तोष: अँ, मलाई पनि त्यस्तै लाग्छ, ...... ।
ओहो, अब फर्केन भने...... ।

माचुमोतो: अँ, फर्कौं ।

## III. उपयोगी शब्द र जानकारी

### 役職名（やくしょくめい） दर्जा

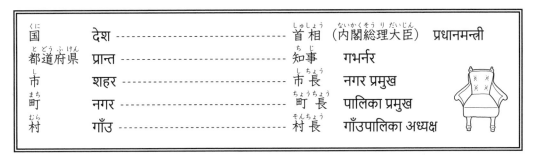

| | | | |
|---|---|---|---|
| 国（くに） | देश | 首相（しゅしょう）（内閣総理大臣（ないかくそうりだいじん）） | प्रधानमन्त्री |
| 都道府県（とどうふけん） | प्रान्त | 知事（ちじ） | गभर्नर |
| 市（し） | शहर | 市長（しちょう） | नगर प्रमुख |
| 町（まち） | नगर | 町長（ちょうちょう） | पालिका प्रमुख |
| 村（むら） | गाँउ | 村長（そんちょう） | गाँउपालिका अध्यक्ष |

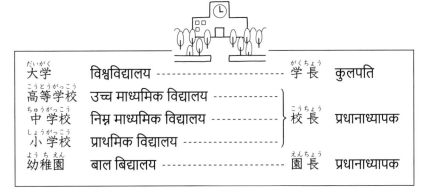

| | | | |
|---|---|---|---|
| 大学（だいがく） | विश्वविद्यालय | 学長（がくちょう） | कुलपति |
| 高等学校（こうとうがっこう） | उच्च माध्यमिक विद्यालय | 校長（こうちょう） | प्रधानाध्यापक |
| 中学校（ちゅうがっこう） | निम्न माध्यमिक विद्यालय | 校長（こうちょう） | प्रधानाध्यापक |
| 小学校（しょうがっこう） | प्राथमिक विद्यालय | 校長（こうちょう） | प्रधानाध्यापक |
| 幼稚園（ようちえん） | बाल विद्यालय | 園長（えんちょう） | प्रधानाध्यापक |

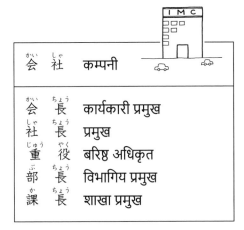

| 会社（かいしゃ） | कम्पनी |
|---|---|
| 会長（かいちょう） | कार्यकारी प्रमुख |
| 社長（しゃちょう） | प्रमुख |
| 重役（じゅうやく） | बरिष्ठ अधिकृत |
| 部長（ぶちょう） | विभागिय प्रमुख |
| 課長（かちょう） | शाखा प्रमुख |

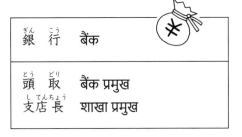

| 銀行（ぎんこう） | बैंक |
|---|---|
| 頭取（とうどり） | बैंक प्रमुख |
| 支店長（してんちょう） | शाखा प्रमुख |

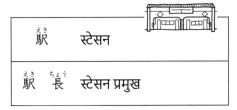

| 駅（えき） | स्टेसन |
|---|---|
| 駅長（えきちょう） | स्टेसन प्रमुख |

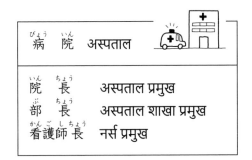

| 病院（びょういん） | अस्पताल |
|---|---|
| 院長（いんちょう） | अस्पताल प्रमुख |
| 部長（ぶちょう） | अस्पताल शाखा प्रमुख |
| 看護師長（かんごしちょう） | नर्स प्रमुख |

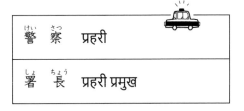

| 警察（けいさつ） | प्रहरी |
|---|---|
| 署長（しょちょう） | प्रहरी प्रमुख |

## IV. व्याकरण व्याख्या

### १. सामान्य स्वरुपと 思います ......मेरो बिचारमा

बिचार वा निर्णयजस्ता बिषय वस्तुमा विभक्ति と लाई जोडेर देखाइन्छ । यसको वाक्य बनावट निम्न अनुसार प्रयोग गरिन्छ ।

१) अनुमान लगाउनु

① あした 雨が 降ると 思います。 (१) मेरो बिचारमा भोली पानी पर्छ होला ।

② テレーザちゃんは もう 寝たと 思います。

(२) मेरो बिचारमा तेरेजा सुत्यो होला ।

अनुमान गर्ने बिषयवस्तु नकारात्मक भएको खण्डमा と को अगाडि नकारात्मक स्वरुप प्रयोग गरिन्छ ।

③ ミラーさんは この ニュースを 知って いますか。

……いいえ、知らないと 思います。

(३) मीलर जीलाई यो समाचार थाहा छ ?

......अहँ, मेरो बिचारमा थाहा छैन होला ।

२) आफ्नो राय व्यक्त गर्ने बेलामा

④ 日本は 物価が 高いと 思います。

(४) मेरो बिचारमा जापानको बस्तुभाउ महंगो छ जस्तो लाग्छ ।

केहि कुराको बारेमा कसैको विचार सोध्दा ～に ついて どう おもいますか को अभिव्यक्त गरिन्छ どう को पछाडि と लाई जोडिंदैन ।

⑤ 新しい 空港に ついて どう 思いますか。

……きれいですが、ちょっと 交通が 不便だと 思います。

(५) नयाँ बिमानस्थलको बारेमा तपाईंको के विचार छ ?

......राम्रो छ तर, सवारीसाधन असुविधाजनक छ जस्तो लाग्छ ।

अन्य व्यक्तिको विचारसंग सहमत वा असहमतलाई निम्न अनुसार व्यक्त गरिन्छ ।

⑥ ケータイは 便利ですね。 (६) मोबाइल सुविधाजनक छ है ।

……わたしも そう 思います。 ...... मेरो बिचारमा त्यस्तै लाग्छ ।

### २. वाक्य / सामान्य स्वरुप } と 言います ......भनिन्छ

बोल्ने बिषयवस्तुलाई と ले व्यक्त गरिन्छ । त्यसका दुईवटा तरिकाहरु छन् ।

१) कुनै बिषयलाई फेरि भन्ने शब्द भन्दा, त्यो शब्द दोहोरिन्छ । लेख्ने बेलामा「 」भित्र त्यस शब्द जस्ताको त्यस्तै राख्दछ ।

⑦ 寝る まえに、「お休みなさい」と 言います。

(७) सुत्नु अगाडि,「सुत्छु है」भनेर भन्छ ।

⑧ ミラーさんは「来週 東京へ 出張します」と 言いました。

(८) मिलर जीले「अर्को हप्ता टोकियोमा ब्यापार यात्रामा जान्छु」भनेर भन्नुभयो ।

२) उद्‌धृतकर्ताले संक्षेपमा भन्दाखेरी と को अगाडी वाक्यको सामान्य स्वरुपको प्रयोग गरिन्छ ।

⑨ ミラーさんは 東京へ 出張すると 言いました。

(९) मिलर जी टोकियोमा व्यापार यात्रामा जान्छु भनेर भन्नुभयो ।

उद्धृत गर्ने ठाउँको कालमा, वाक्यको कालले असर गर्दैन ।
त्यसमाथि कुरा गर्ने व्यक्तिलाई विभक्ति に बाट गरिन्छ ।

⑩ 父に 留学したいと 言いました。　(१०) बुबालाई बिदेशमा पढ्न चाहन्छु भने ।

३.

| | | | |
|---|---|---|---|
| **क्रिया** | सामान्य स्वरुप | でしょう？ | होला है ? |
| い**विशेषण** | | | |
| な**विशेषण** | सामान्य स्वरुप | | |
| **संज्ञा** | 〜だ | | |

श्रोताबाट सहमति लिन वा पुष्टि गर्न प्रयोग गरिन्छ । でしょう लाई उच्चारण गर्दा जोड लगाएर बोलिन्छ र माथि जान्छ । でしょう को अगाडी सामान्य स्वरुप हुन्छ तर なविशेषण र संज्ञाको अवस्थामा । 〜だ नभएको स्वरुप हुन्छ ।

⑪ あした パーティーに 行くでしょう？　(११) भोलि पार्टीमा जान्छौ होला है ?
……ええ、行きます。　......अँ, जान्छु ।

⑫ 北海道は 寒かったでしょう？
……いいえ、そんなに 寒くなかったです。
(१२) होक्काइडोमा जाडो भयो होला है ?
......अहँ, त्यत्ति जाडो थिएन ।

४. **संज्ञा₁ (स्थान)**で **संज्ञा₂**が あります

संज्ञा₂ मा पार्टी, कन्सर्ट, चाडपर्व, दुर्घटना, बिपत इत्यादि अभिव्यक्त गर्ने बेला あります को प्रयोग गरिन्छ, जसको अर्थ केहि हुन्छ भनेर प्रयोग गरिन्छ ।

⑬ 東京で 日本と ブラジルの サッカーの 試合が あります。
(१३) टोकियोमा जापान र ब्राजिलको फुटबल खेल छ ।

५. **संज्ञा (ठाउँ)**で

केहि हुन लागेको ठाउँमा で ले संकेट गरिन्छ ।

⑭ 会議で 何か 意見を 言いましたか。　(१४) बैठकमा केहि विचार भन्नुभयो ?

६. **संज्ञा**でも **क्रिया**

कुनै कुरालाई प्रस्ताव गर्दा सुझाव दिंदा, अर्थात् ईच्छा व्यक्त गर्ने बेला, एउटा बस्तुलाई मात्र सीमित नराखी उदाहरण दिनको लागि विभक्ति でも को प्रयोग गरिन्छ ।

⑮ ちょっと ビールでも 飲みませんか。　(१५) अलिकति बियर भएपनि पिउने होइन ?

७. **क्रिया**ない**स्वरुप**ないと……

ないस्वरुपないと いけません (पाठ १७) को いけません को छोट्याइएको स्वरुप । क्रियाないस्वरुपないと いけません, पाठ १७ मा अध्ययन गरेको क्रियाないस्वरुपなければ なりません ले एउटै अर्थ बुझाउँछ ।

⑯ もう 帰らないと……。　(१६) अब फर्केन भने......।

# पाठ २२

## I. शब्दावली

| | | |
|---|---|---|
| きますⅡ | 着ます | लगाउनु (सर्ट, लगाउनु) |
| はきますⅠ | | लगाउनु (जुत्ता, पाईन्ट लगाउनु) |
| かぶりますⅠ | | लगाउनु (टोपी, लगाउनु) |
| かけますⅡ | | लगाउनु |
| ［めがねを～］ | ［眼鏡を～］ | ［चस्मा, लगाउनु］ |
| しますⅢ | | लगाउनु |
| ［ネクタイを～］ | | ［टाइ, लगाउनु］ |
| うまれますⅡ | 生まれます | जन्मनु |
| | | |
| わたしたち | | हामीहरु |
| | | |
| コート | | कोट |
| セーター | | सुईटर |
| スーツ* | | सुट |
| | | |
| ぼうし | 帽子 | टोपी |
| めがね | 眼鏡 | चस्मा |
| | | |
| ケーキ | | केक |
| ［お］べんとう | ［お］弁当 | लन्च बक्स |
| | | |
| ロボット | | रोवर्ट |
| | | |
| ユーモア | | हास्य (ह्युमर) |
| | | |
| つごう | 都合 | अनुकुल |
| | | |
| よく | | प्राय, अक्सर, धेरैजसो |

〈練習C〉

| えーと | उम्... (कुरा गर्ने समयमा केहि सोच्दै गर्दा) |
| おめでとう［ございます］。 | बधाई छ, शुभकामना । (जन्मदिन, विवाह, नयाँ बर्ष, आदिमा प्रयोग हुन्छ) |

〈会話〉

| お探しですか。 | खोज्नु भएको हो ? |
| では | ल, ल त |
| こちら | यता (これ को आदर गरेर भन्ने शब्द) |
| 家賃 | घर भाडा |
| ダイニングキッチン | भान्सा, भोजन कक्ष |
| 和室 | जापानी शैली कोठा |
| 押し入れ | जापानी शैली दराज |
| 布団 | सिरक, डस्ना |

| パリ | पेरिस |
| 万里の 長城 | चीनको पर्खाल (द ग्रेट वाल) |

| みんなの アンケート | काल्पनिक सर्वेक्षण (आँकडा संकलन) |

137

## II. अनुवाद

### वाक्यको संरचना

१. यो मिलर जीले बनाएको केक हो ।
२. उ त्यहाँ भएको व्यक्ति मिलर जी हो ।
३. हिजो सिकेको शब्द बिर्सें ।
४. पसल जाने समय छैन ।

### वाक्यको उदाहरण

१. यो चीनको ग्रेटवालमा खिचेको फोटो हो ।
......हो र । कस्तो राम्रो छ है ।
२. करिना जीले लेखेको चित्र कुन हो ?
......उ त्यो हो । उ त्यो समुन्द्रको चित्र हो ।
३. उ त्यो किमोनो लगाएको व्यक्ति को हो ?
......किमुरा जी हो ।
४. यामादा जी, श्रीमतीलाई पहिलो चोटि भेटेको ठाँउ कहाँ हो ?
......ओसाका ज्योउ हो ।
५. किमुरा जीसंग जानुभएको कन्सर्ट कस्तो भयो ?
......एकदम राम्रो भयो ।
६. के भयो ?
......हिजो किनेको छाता हरायो ।
७. कस्तो घर मनपर्छ ?
......ठूलो बगैंचा भएको घर मनपर्छ ।
८. आइतबार फुटबल हेर्न जाने होईन ?
......माफ गर्नुहोस् । आइतबार साथीसंग भेट्ने वाचा गरेको छु ।

### संवाद

#### कस्तो कोठा खोज्दै हुनुहुन्छ ?

एजेन्ट: कस्तो कोठा खोज्दै हुनुहुन्छ ?
वान: अँहै ।
घर भाडा ८ मान येन जति र स्टेसनबाट टाढा नभएको ठाँउमा राम्रो हुन्छ ।
एजेन्ट: त्यसो भए यो कस्तो छ ?
स्टेसन बाट १० मिनेट र घरभाडा ८३,००० येन पर्छ ।
वान: डाईनिङ्ग किचेन र जापानी कोठा छन् ।
माफ गर्नुहोस् । यहाँ के हो ?
एजेन्ट: दराज हो । डस्ना राख्ने ठाँउ हो ।
वान: हो ?
यो कोठा, आज हेर्न सकिन्छ ?
एजेन्ट: अँ । अहिले जाने कि ?
वान: अँ, जाऔं ।

# III. उपयोगी शब्द र जानकारी

## 衣服（いふく）　लत्ताकपडा

| | | | |
|---|---|---|---|
| スーツ<br>सुट  | ワンピース<br>वान पिस  | 上着（うわぎ）<br>कम्मर भन्दा माथि लगाउने लुगा/ज्याकेट  | ズボン／パンツ<br>सुरुवाल/प्यान्ट<br>ジーンズ<br>जिन्ज  |
| スカート<br>स्कर्ट 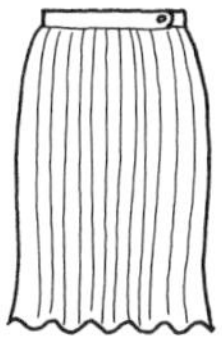 | ブラウス<br>ब्लाउज  | ワイシャツ<br>सर्ट  | セーター<br>स्वेटर 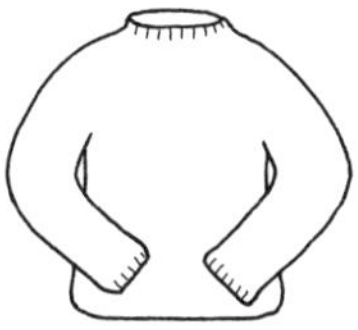 |
| マフラー　गलबन्दी<br>手袋（てぶくろ）　पञ्जा 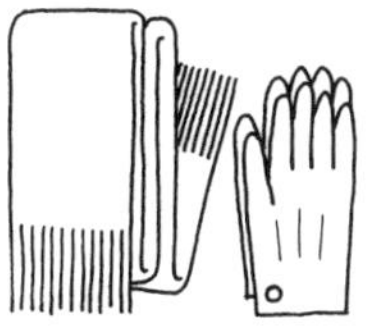 | 下着（したぎ）<br>कट्टु/भित्र लगाउने लुगा  | くつした　मोजा<br>（パンティー）ストッキング<br>स्टकिङ 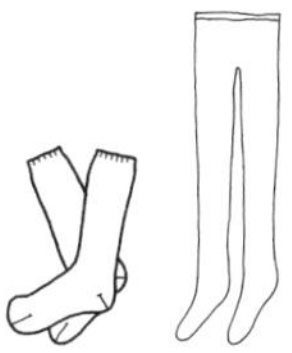 | 着物（きもの）　किमोनो 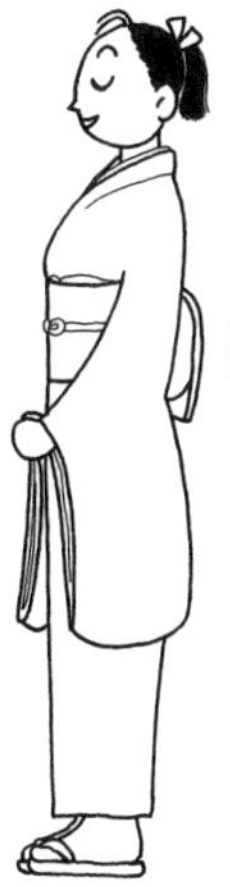<br>帯（おび）　पटुकी |
| （オーバー）コート<br>ओभर कोट<br>レインコート<br>रेन कोट  | ネクタイ<br>टाई<br>ベルト<br>पेटी 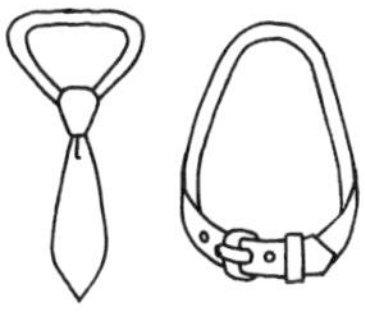 | ハイヒール<br>हाई हिल <br>ブーツ<br>बुट <br>運動靴（うんどうぐつ）<br>खेलमा लगाउने जुत्ता  | ぞうり　たび<br>चप्पल　ताबी 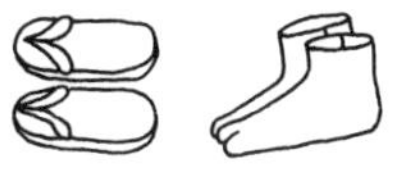 |

139

## IV. व्याकरण व्याख्या

### १. संज्ञाको संशोधन

पाठ २, पाठ ८ मा संज्ञालाई संशोधन गर्ने तरिका सिकें ।

| | |
|---|---|
| ミラーさんの うち | मिलर जीको घर (पाठ २) |
| 新しい うち | नयाँ घर (पाठ ८) |
| きれいな うち | राम्रो घर (पाठ ८) |

संशोधन गर्ने शब्द र वाक्यांश संशोधन गर्ने संज्ञाको अगाडि आउँछ । यस पाठमा वाक्यांशको संज्ञालाई संशोधन गर्न सिकिन्छ ।

१) संज्ञा संशोधन वाक्यांश भित्रको क्रिया वा विशेषण, संज्ञालाई सामान्य स्वरुप लेखिन्छ । な विशेषणको अवस्थामा ～な संज्ञाको अवस्थामा ～の हुन्छ ।

① 京都へ { 行く 人 / 行かない 人 / 行った 人 / 行かなかった 人 }
(१) क्योटोमा { जाने मान्छे / नजाने मान्छे / गएको मान्छे / नगएको मान्छे }

| | |
|---|---|
| 背が 高くて、髪が 黒い 人 | अग्लो भएर, कपाल कालो भएको व्यक्ति |
| 親切で、きれいな 人 | दयालु भएर, राम्रो व्यक्ति |
| 65 歳の 人 | ६५ बर्षको व्यक्ति |

२) संज्ञा संशोधन वाक्यांशलाई, तलका विभिन्न वाक्यका बनावटमा प्रयोग गरिन्छ ।

② これは ミラーさんが 住んで いた うちです。
(२) यो मिलर जी बस्नु भएको घर हो ।

③ ミラーさんが 住んで いた うちは 古いです。
(३) मिलर जी बस्नु भएको घर पुरानो छ ।

④ ミラーさんが 住んで いた うちを 買いました。
(४) मिलर जी बस्नु भएको घर किने ।

⑤ わたしは ミラーさんが 住んで いた うちが 好きです。
(५) मलाई मिलर जी बस्नु भएको घर मनपर्छ ।

⑥ ミラーさんが 住んで いた うちに 猫が いました。
(६) मिलर जी बस्नु भएको घरमा बिरालो थियो ।

⑦ ミラーさんが 住んで いた うちへ 行った ことが あります。
(७) मिलर जी बस्नु भएको घरमा गएको छु ।

३) संज्ञा संशोधन वाक्यांशको कर्तालाई が ले गरिन्छ ।

⑧ これは ミラーさんが 作った ケーキです。

(८) यो मिलर जीले बनाउनु भएको केक हो ।

⑨ わたしは カリナさんが かいた 絵が 好きです。

(९) मलाई करीना जीले बनाउनु भएको चित्र मनपर्छ ।

⑩ [あなたは] 彼が 生まれた 所を 知って いますか。

(१०) उहाँ जन्मनु भएको ठाउँ थाहा छ ?

## २. **क्रिया शब्दकोश स्वरुप** 時間／約束／用事

केहि गर्नको लागि समय, वाचा कामको बिषयवस्तुलाई अभिव्यक्त गर्ने बेला त्यस कार्यलाई शब्दकोश स्वरुपमा लगेर संज्ञा じかん, やくそく, ようじ इत्यादिको अगाडि राख्नु ।

⑪ わたしは 朝ごはんを 食べる 時間が ありません。

(११) मलाई बिहानको खाना खाने समय छैन ।

⑫ わたしは 友達と 映画を 見る 約束が あります。

(१२) म साथीसंग चलचित्र हेर्ने वाचा गरेको छु ।

⑬ きょうは 市役所へ 行く 用事が あります。

(१३) आज नगरपालिकामा जाने काम छ ।

## ३. **क्रिया**ます**स्वरुप**ましょうか　संगै......होइन ?

पाठ १४ मा, श्रोतासंग केहि काम कुरा गर्ने प्रस्ताव राख्ने बेलामा प्रयोग गरिने वाक्यको बनावट सिकें । यस पाठको संवादमा वक्ता र श्रोतालेसंगै केहि गरौं भनेर अभिव्यक्त गरिएको हुन्छ ।

⑭ この 部屋、きょう 見る ことが できますか。

……ええ。今から 行きましょうか。

(१४) यो कोठा आज हेर्न सकिन्छ ?

...... अँ, अहिले जाऔं कि ?

# पाठ २३

## I. शब्दावली

23

| | | |
|---|---|---|
| ききますⅠ | 聞きます | सोध्नु |
| ［せんせいに～］ | ［先生に～］ | [सरलाई～] |
| まわしますⅠ | 回します | घुमाउनु |
| ひきますⅠ | 引きます | तान्नु |
| かえますⅡ | 変えます | परिवर्तन गर्नु |
| さわりますⅠ | 触ります | छुनु |
| ［ドアに～］ | | [ढोकामा～] |
| でますⅡ | 出ます | फिर्ता हुनु, फिर्ता आउनु[पैसा～] |
| ［おつりが～］ | ［お釣りが～］ | |
| あるきますⅠ | 歩きます | हिँड्नु |
| わたりますⅠ | 渡ります | पार गर्नु, तर्नु |
| ［はしを～］ | ［橋を～］ | [पुल～] |
| まがりますⅠ | 曲がります | मोड्नु |
| ［みぎへ～］ | ［右へ～］ | [दाँयातिर～] |
| | | |
| さびしい | 寂しい | एक्लो, असहाय |
| | | |
| ［お］ゆ | ［お］湯 | तातो पानी |
| おと | 音 | अवाज |
| サイズ | | नाप, आकार |
| こしょう | 故障 | बिग्रिनु (～します：बिग्रिनु) |
| | | |
| みち | 道 | बाटो |
| こうさてん | 交差点 | चौबाटो |
| しんごう | 信号 | ट्राफिक लाइट |
| かど | 角 | कुना |
| はし | 橋 | पुल |
| ちゅうしゃじょう | 駐車場 | कार पार्किंग, सवारी साधन राख्ने ठाँउ |
| たてもの | 建物 | भवन |
| | | |
| なんかいも | 何回も | धेरै पटक |
| | | |
| －め | －目 | पहिलो, दोस्रो－, एउटा, दुइटा－(क्रमबद्ध गन्दा प्रयोग हुन्छ) |

| | |
|---|---|
| 聖徳太子（しょうとくたいし） | प्रिन्स (राजकुमार) स्योतोकु (५७४～६२२) |
| 法隆寺（ほうりゅうじ） | होर्युजी मन्दिर (सातौं शताब्दीको शुरुमा प्रिन्स (राजकुमार) शोतोकुले नारामा बनाएको मन्दिर) |
| 元気茶（げんきちゃ） | काल्पनिक चिया |
| 本田駅（ほんだえき） | काल्पनिक स्टेशन |
| 図書館前（としょかんまえ） | काल्पनिक बस बिसौनी |

## II. अनुवाद

### वाक्यको संरचना

१. पुस्तकालयमा पुस्तक सापट लिने बेला, कार्ड चाहिन्छ ।
२. यो बटन थिच्यो भने, नगद फिर्ता आउँछ ।

### वाक्यको उदाहरण

१. टेलिभिजन धेरै हेर्नुहुन्छ ?
......हजुर । बेसबलको खेल भएको बेला हेर्छु ।
२. फ्रिज भित्र केहि नभएको बेला, के गर्नुहुन्छ ?
......नजिकको रेस्टुरेन्टमा खान जान्छु ।
३. बैठक कोठाबाट निस्कने बेला, एअर कन्डिसन निभाउनु भयो ?
......हजुर, निभाएँ ।
४. सन्तोष जी लुगा र जुत्ता कहाँ किन्नुहुन्छ ?
......मातृभूमि फर्कंदा, किन्छु । जापानको सानो हुने भएकोले ।
५. त्यो के हो ?
......「गेन्कि च्या」 हो । सन्चो नभएको बेला पिउँछु ।
६. फुर्सद भएको बेला, घरमा घुम्न आउने होइन ?
......अँ हुन्छ, धन्यवाद ।
७. विद्यार्थी बेला आरुबाईतो गर्नुभएको थियो ?
......हजुर, कहिले काहिँ गरेको थिएँ ।
८. तातो पानी आउँदैन ।
......त्यहाँ थिच्यो भने, आउँछ ।
९. माफ गर्नुहोस् । नगरपालिका कहाँ हो ?
......यो बाटो सिधा जानुभयो भने, बायाँ छ । पुरानो भवन हो ।

### संवाद

#### कसरी जाने ?

पुस्तकालयको व्यक्ति: हजुर, मिडोरि पुस्तकालय हो ।
करिना: अँ, त्यहाँसम्म कसरी जाने होला ?
पुस्तकालयको व्यक्ति: होन्डा स्टेसनबाट १२ नम्बरको बस चढेर, पुस्तकालय अगाडि झर्नुहोस् । तेस्रो स्टप हो ।
करिना: तेस्रो स्टप हो है ।
पुस्तकालयको व्यक्ति: हजुर, ओर्लिनु भयो भने, अगाडि पार्क छ । पुस्तकालय पार्कको भित्रको सेतो भवन हो ।
करिना: बुझें । त्यसपछि पुस्तक सापट लिँदा, के चाहिन्छ ?
पुस्तकालयको व्यक्ति: नाम र ठेगाना थाहा हुने केहि चिज लिएर आउनुहोस् ।
करिना: हुन्छ । धन्यवाद ।

# III. उपयोगी शब्द र जानकारी

## 道路・交通　बाटो र ट्राफिक
どうろ・こうつう

① 歩道 （ほどう）　फुटपाथ
② 車道 （しゃどう）　गाडीको बाटो
③ 高速道路 （こうそくどうろ）　द्रुतमार्ग
④ 通り （とおり）　बाटो
⑤ 交差点 （こうさてん）　चौबाटो
⑥ 横断歩道 （おうだんほどう）　पैदल मार्ग
⑦ 歩道橋 （ほどうきょう）　पैदल आकाशे पुल
⑧ 角 （かど）　कुना

⑨ 信号 （しんごう）　ट्राफिक लाइट
⑩ 坂 （さか）　उकालो ओरालो
⑪ 踏切 （ふみきり）　रेल मार्ग क्रसिगं
⑫ ガソリンスタンド　पेट्रोल पम्प

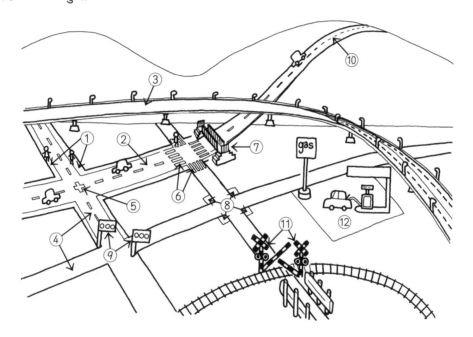

止まれ（とまれ）
रोक्नु

進入禁止（しんにゅうきんし）
प्रवेश निषेध

一方通行（いっぽうつうこう）
एकतर्फी बाटो

駐車禁止（ちゅうしゃきんし）
पार्किङ निषेध

右折禁止（うせつきんし）
दाँया काट्न मनाही

## IV. व्याकरण व्याख्या

१. 

| क्रिया शब्दकोश स्वरुप | | |
|---|---|---|
| क्रियाない स्वरुपない | | |
| い विशेषण (～い) | とき、～ (मुख्य वाक्यांश) | बेला |
| な विशेषणな | | |
| संज्ञाの | | |

とき ले, पछाडि जारी हुने मुख्य वाक्यांशमा अभिव्यक्त गरिने अवस्था या कार्यकलाप घटना घट्दा खेरीको अवस्था जनाउँछ । とき को अगाडि आउने स्वरुपलाई, संज्ञालाई संशोधन गर्ने स्वरुप जस्तै हुन्छ ।

① 図書館で 本を 借りる とき、カードが 要ります。

　　(१) पुस्तकालयमा पुस्तक सापट लिने बेला, कार्ड चाहिन्छ ।

② 使い方が わからない とき、わたしに 聞いて ください。

　　(२) प्रयोग गर्ने तरिका थाहा भएन भने मलाई सोध्नु होला ।

③ 体の 調子が 悪い とき、「元気茶」を 飲みます。

　　(३) सन्चो नभएको बेला 「गेन्कि चिया」 पिउनुहोस् ।

④ 暇な とき、うちへ 遊びに 来ませんか。

　　(४) फूर्सद भएको बेला, घरमा घुम्न आउने होइन ?

⑤ 妻が 病気の とき、会社を 休みます。

　　(५) श्रीमती बिरामी भएको बेला, कार्यालय बिदा लिन्छु ।

⑥ 若い とき、あまり 勉強 しませんでした。

　　(६) जवान बेला, त्यत्ति अध्ययन गरेको थिएन ।

⑦ 子どもの とき、よく 川で 泳ぎました。

　　(७) बच्चा बेला, प्रायः खोलामा पौडि खेल्थें ।

とき लाई संशोधन गर्ने वाक्यांशको काल, चाहिँ मुख्य वाक्यांशको कालले असर गर्दैन ।

२. 

| क्रिया शब्दकोश स्वरुप | | |
|---|---|---|
| क्रियाた स्वरुप | とき、～ (मुख्य वाक्यांश) | बेला |

とき को अगाडि क्रियाको शब्दकोश स्वरुपको बेला, मुख्य वाक्यांश ～とき को वाक्यांश भन्दाअगाडि कार्यकलाप भएको संकेत गरिन्छ ।

とき को अगाडिको क्रिया た स्वरुपको बेला, मुख्य वाक्यांश ～とき को वाक्यांश भन्दा पछि क्रियाकलाप भएको संकेत गरिन्छ ।

⑧ パリへ 行く とき、かばんを 買いました。

　　(८) पेरिस जाने बेला, झोला किनें ।

⑨ パリへ 行った とき、かばんを 買いました。

　　(९) पेरिस गएको बेला, झोला किनें ।

⑧ मा झोला किनेको चाहिँ पेरिस पुग्नु अगाडि अर्थात् पेरिस जादैँ गर्दा बिचमा कहिँ भन्ने कुरा संकेत गरिन्छ ।

⑨ मा झोला किनेको चाहिँ पेरिस पुगेपछि अर्थात् पेरिसमा किनेको संकेत गरिन्छ ।

३. | क्रिया शब्दकोश स्वरुप と、 ～ **(मुख्य वाक्यांश)** | यो ...... भने

と ले と को अगाडिको कार्यकलाप वा कुनै घटना भयो भने, पछाडि भयो भने (त्यसपछि) मुख्य वाक्यांशमा अभिव्यक्त गरिने अवस्था वा कार्यकलाप, घटना त्यसको परिणाम । स्वभाविक रुपमा स्थापित हुने कुरा जनाउँदछ ।

⑩ この ボタンを 押すと、お釣りが 出ます。

(१०) यो बटन थिच्यो भने, रकम फिर्ता आउँछ ।

⑪ これを 回すと、音が 大きく なります。

(११) यो घुमायो भने, आवाज ठूलो हुन्छ ।

⑫ 右へ 曲がると、郵便局が あります。

(१२) दायाँ मोड्नु भयो भने, हुलाक छ ।

४. | संज्ञा が **विशेषण**

पाठ १४ मा, पांच ईन्द्रिय (आँखा, कान ईत्यादि) बाट महशुस गरेको घटना जस्ताको त्यस्तै वयान गरी, कुनै घटनालाई निष्पक्ष रुपमा भन्ने बेला, が को प्रयोग गर्ने बारेमा सिकें । यो वाक्यको क्रियामा मात्र नभई विशेषणमा पनि प्रयोग गरिन्छ ।

⑬ 音が 小さいです。          (१३) आवाज सानो छ ।

५. | संज्ञा を **चाल क्रिया**

さんぽします、わたります、あるきます जस्ता गतिशिल क्रियासंग を को प्रयोग हुन्छ, व्यक्ति वा वस्तु इत्यादिको गतिशिल क्रियासंगै を को प्रयोग गर्दा, यसले व्यक्ति वा वस्तु पार हुने ठाँउलाई जनाइन्छ ।

⑭ 公園を 散歩します。          (१४) पार्कमा हिँड्डुल गर्छु । (पाठ १३)

⑮ 道を 渡ります。          (१५) बाटो काट्छु ।

⑯ 交差点を 右へ 曲がります。          (१६) चौबाटोलाई दायाँ मोड्छ ।

# पाठ २४

## I. शब्दावली

24

| | | |
|---|---|---|
| くれますⅡ | | मैले पाउनु, मलाई दिनु |
| なおしますⅠ | 直します | मर्मत गर्नु, सच्याउनु |
| つれて　いきますⅠ | 連れて　行きます | लिएर जानु |
| つれて　きますⅢ* | 連れて　来ます | लिएर आउनु |
| おくりますⅠ | 送ります | पुर्याउनु |
| ［ひとを～］ | ［人を～］ | [मान्छे～] |
| しょうかいしますⅢ | 紹介します | परिचय दिनु, चिनाउनु |
| あんないしますⅢ | 案内します | देखाउनु (कसैलाई कुनै ठाँउ घुमाउनु) |
| せつめいしますⅢ | 説明します | व्याख्या गर्नु |
| おじいさん／おじいちゃん | | हजुरबुबा, बाजे |
| おばあさん／おばあちゃん | | हजुरआमा, बज्यै |
| じゅんび | 準備 | तयारी (～［を］ します：～गर्नु) |
| ひっこし | 引っ越し | घर सर्नु (～［を］ します：～सर्नु) |
| ［お］かし | ［お］菓子 | मिठाई |
| ホームステイ | | होमस्टे |
| ぜんぶ | 全部 | सबै |
| じぶんで | 自分で | आफैले |

## 〈会話〉

ほかに          अरु, बाहेक

---

母の日          आमाको मुख हेर्ने दिन

## II. अनुवाद

### वाक्यको संरचना
१. सातोउ जीले मलाई चकलेट दिनुभयो ।
२. मलाई यामादा जीले प्रतिवेदन मिलाई दिनुभयो ।
३. आमाले मलाई स्वेटर पठाउनु भयो ।
४. मैले किमुरा जीलाई पुस्तक सापट दिएँ ।

### वाक्यको उदाहरण
१. तारोउलाई हजुरआमा मनपर्छ ?
......अँ, मनपर्छ । हजुरआमाले मलाई जहिले पनि मिठाई दिनुहुन्छ ।
२. मिठो वाईन है ।
......अँ, सातोउ जीले दिनुभएको थियो । फ्रान्सको वाईन हो ।
३. मिलर जी, हिजो पार्टीको खाना सबै आफूले बनाउनु भएको हो ?
......होईन, वान जीले पनि सहयोग गर्नुभयो ।
४. ट्रेनबाट जानु भएको थियो हो ?
......होईन । यामादा जीले गाडीबाट पुर्‍याईदिनु भयो ।
५. तारोउले आमालाई आमाको मुख हेर्ने दिनमा के गरिदिनु हुन्छ ?
......पियानो बजाएर सुनाउँछु ।

### संवाद

## सहयोग गर्न जाउँ कि ?

करिना: वान जी, आइतबार घर सर्ने हो है ।
सहयोग गर्न जाउँकि ?

वान: धन्यवाद ।
त्यसोभए, कृपया ९ बजेतिर आउनुहोस् ।

करिना: अरु कोहि सहयोग गर्न जान्छ ?

वान: यामादा जी र मिलर जी आईदिनु हुन्छ ।

करिना: गाडी चाहिँ ?

वान: यामादा जीबाट सापट लिन्छु ।

करिना: दिउँसोको खाना के गर्नुहुन्छ ?

वान: अँ...... ।

करिना: मैले लन्च बक्स लिएर जाउँकि ?

वान: कृपया । ल्याईदिनुहोस् ।

करिना: त्यसो भए, आइतबार है ।

# III. उपयोगी शब्द र जानकारी

## 贈答の 習慣　उपहार आदान प्रदान
ぞうとう　しゅうかん

| | |
|---|---|
| お年玉<br>としだま | अभिभावक र आफन्तले नयाँ वर्षमा बच्चालाई दिने नगद उपहार |
| 入学祝い<br>にゅうがくいわ | विद्यालय भर्ना हुनेबेला बच्चालाई दिने उपहार (पैसा, लेखन सामग्री ईत्यादि) |
| 卒業祝い<br>そつぎょういわ | स्नातक गर्नेलाई दिने उपहार (पैसा, लेखन सामग्री ईत्यादि) |
| 結婚祝い<br>けっこんいわ | विवाह गर्ने दम्पतीलाई दिने उपहार (पैसा, घरायसी सरसामान ईत्यादि) |
| 出産祝い<br>しゅっさんいわ | बच्चा जन्माउनेलाई दिने उपहार (बच्चाको लुगा, खेलौना ईत्यादि) |

| | | |
|---|---|---|
| お中元<br>ちゅうげん | [जुलाई वा अगस्त] | आफूलाई धेरै सेवा गर्नु भएको चिकित्सक, शिक्षक, हाकीमलाई दिने |
| お歳暮<br>せいぼ | [डिसेम्बर] | उपहार (खाद्य वस्तु ईत्यादि) |

| | |
|---|---|
| お香典<br>こうでん | समवेदनामा दिने रकम |
| お見舞い<br>みま | बिरामी र घाइतेलाई दिने (फूल र फलफूल ईत्यादि) |

 熨斗袋　नगद उपहार दिन प्रयोग गर्ने बिशेष खाम
のし ぶくろ

समय अवस्था अनुसार उपयुक्त खाम प्रयोग गर्दछ ।

| विवाहमा (रातो र सेतो वा सुनौलो र चम्किलो रिबन) | विवाह बाहेक (अन्यको लागि रातो र सेतो वा सुनौलो र चम्किलो रिबन) | देहान्तमा (कालो वा सेतो रिबन) |

24

151

## IV. व्याकरण व्याख्या

### १. くれます

पाठ ७ मा सिकेको あげます लाई वक्ताले (म, मैले) बाहेक, अरु कसैले वक्ता वा वक्ताको परिवारलाई केहि दिंदा यसलाई प्रयोग गर्न सकिंदैन । त्यस अवस्थामा くれます को प्रयोग गरिन्छ ।

① わたしは 佐藤さんに 花を あげました。(१) मैले साटोउ जीलाई फूल दिएँ ।
× 佐藤さんは わたしに クリスマスカードを あげました。

② 佐藤さんは わたしに クリスマスカードを くれました。
(२) साटोउजीले मलाई क्रिसमस कार्ड दिनुभयो ।

③ 佐藤さんは 妹に お菓子を くれました。
(३) साटोउ जीले बहिनीलाई मिठाई दिनुभयो ।

### २. क्रियाて स्वरुप { あげます / もらいます / くれます }

あげます, もらいます, くれます लाई वस्तुको आदान-प्रदान गर्न प्रयोग गरिन्छ, ～て あげます, ～て もらいます, ～て くれます लाई यस कार्यले लाभ वा फाईदा दिने तथा पाउने अभिव्यक्त गर्न प्रयोग गरिन्छ।

#### १) क्रियाて स्वरुप あげます

क्रियाて स्वरुप あげます कर्ताको कार्यको साथ, त्यस कार्यले लाभ वा फाईदा दिने कुराको अभिव्यक्त गर्न प्रयोग गरिन्छ ।

④ わたしは 木村さんに 本を 貸して あげました。
(४) मैले किमुरा जीलाई पुस्तक सापट दिएँ ।

त्यसो भएकोले, आफूभन्दा ठूला व्यक्तिहरुलाई लाभ र फाईदा दिने कार्यको बारेमा ～て あげます को प्रयोग गर्दाको अभिव्यक्तिले दवाब दिएको भान गराउने भएकोले ध्यान दिनु होला । आफूभन्दा ठूला व्यक्तिलाई लाभ वा फाईदा दिने कार्यको प्रस्ताव गर्ने बेला, क्रियाます स्वरुपましょうか (पाठ १४ को १५ हेर्नुहोस्) को प्रयोग गरिन्छ ।

⑤ タクシーを 呼びましょうか。 (५) ट्याक्सी बोलाउ कि ? (पाठ १४ हेर्नुहोस्)

⑥ 手伝いましょうか。 (६) सहयोग गरौं कि ? (पाठ १४ हेर्नुहोस्)

#### २) क्रियाて स्वरुप もらいます

⑦ わたしは 山田さんに 図書館の 電話番号を 教えて もらいました。
(७) मलाई यामादा जीले पुस्तकालयको फोन नम्बर सिकाई दिनुभयो ।

कार्यमा पाउने व्यक्तिलाई कर्ताको स्वरुपमा लिंदा, त्यस कार्यअनुसार कर्ताले लाभ वा फाईदा पाउनको लागि वक्ताले कस्तो स्वरुपमा लिन्छ भनेर जनाउँदछ । कार्यकलापको असर पाउने व्यक्ति कर्ता भई, त्यस कार्यकलाप अनुसार कर्ताले लाभ वा फाइदा लिने कुरा वक्ताले बुझेको कुरा संकेत गरिएको छ । कर्ता わたし को बेलामा साधारणतया यसलाई छोट्याईन्छ ।

३) | क्रियाて स्वरुप くれます |

⑧ 母は［わたしに］セーターを 送って くれました。

(८) आमाले मलाई स्वेटर पठाउनु भयो ।

कार्यकलाप गर्ने व्यक्ति कर्ता भई, त्यस कार्यकलाप अनुसार कर्ताले लाभ वा फाइदा लिने कुरा वक्ताले बुझेको कुराको संकेत गरिएको छ । कार्यकलापको असर पाउने व्यक्ति (विभक्तिमा व्यक्त गरिएको) わたし को अवस्थामा यसलाई छोट्याईन्छ ।

[सावधानी] 〜て あげます, 〜て くれます को वाक्यमा देखाइने लाभ पाउने व्यक्तिलाई जनाउने विभक्ति, 〜て あげます, 〜て くれます को प्रयोग नगर्ने बेलाको वाक्य एउटै हुन्छ ।

わたしに 旅行の 写真を 見せます。

↓

わたしに 旅行の 写真を 見せて くれます。

मलाई भ्रमणको फोटो देखाउनु भयो ।

わたしを 大阪城へ 連れて 行きます。

↓

わたしを 大阪城へ 連れて 行って くれます。

मलाई ओसाकामा लिएर जानु हुन्छ ।

わたしの 引っ越しを 手伝います。

↓

わたしの 引っ越しを 手伝って くれます。

मेरो घर सरेको बेला सहयोग गरिदिनु भयो ।

## ३. | **संज्ञा१は संज्ञा२が क्रिया** |

⑨ おいしい ワインですね。

……ええ、［このワインは］佐藤さんが くれました。

(९) मिठो वाईन रहेछ है ।

...... अँ, [यो वाईन] साटोउ जीले दिनु भएको थियो ।

जवाफ दिएको वाक्यमा「さとうさんが この ワインを くれました」उद्देश्यात्मक शब्द हो「この ワインを」मुख्य कर्ता जनाउने वाक्य हो (पाठ १७ को ५ हेर्नुहोस्) ।「この ワインは」बोल्ने व्यक्ति, सुन्ने व्यक्ति दुबैले थाहा भएको वस्तु भएको हुनाले, यसलाई छोट्याउन सकिन्छ । तसर्थ यस वाक्यमा「さとうさん」चाहिँ कर्ता हुने भएकोले「が」को प्रयोग गरिन्छ ।

# पाठ २५

## I. शब्दावली

| | | |
|---|---|---|
| かんがえますII | 考えます | सोच्नु, विचार गर्नु |
| つきますI | 着きます | पुग्नु, आइपुग्नु |
| とりますI | 取ります | ढल्कनु |
| ［としを～］ | ［年を～］ | [उमेर ढल्कनु] |
| たりますII | 足ります | पर्याप्त हुनु |
| いなか | 田舎 | गाउँ, ग्रामीण क्षेत्र |
| チャンス | | अवसर |
| おく | 億 | दश करोड |
| もし［～たら］ | | यदि [～भएमा] |
| いみ | 意味 | अर्थ |

25

### 〈練習(れんしゅう)C〉

| | |
|---|---|
| もしもし | हेलो (फोनको सुरुवातमा भनिने शब्द) |

### 〈会話(かいわ)〉

| | |
|---|---|
| 転勤(てんきん) | सरुवा (～します：सरुवा हुनु) |
| こと | कुरा (～の　こと：को कुरा, खुशीको कुरा, मनपर्ने कुरा, घरको कुरा, आदि) |
| 暇(ひま) | फुर्सद |
| [いろいろ] お世話(せわ)に　なりました。 | मेरो लागि सहयोग गर्नु भएकोमा धन्यवाद । |
| 頑張(がんば)ります I | मेहनत गर्नु |
| どうぞ　お元気(げんき)で。 | आफ्नो ख्याल राख्नु होला । (कसैसँग धेरै समयको लागि छुट्टिंदा प्रयोग हुने शब्द) |

---

| | |
|---|---|
| ベトナム | भियतनाम |

## II. अनुवाद

### वाक्यको संरचना

१. पानी पर्यो भने, बाहिर जाँदिन ।
२. पानी परे पनि, बाहिर जान्छु ।

### वाक्यको उदाहरण

१. यदि १० करोड भयो भने, के गर्न चाहनुहुन्छ ?
......विद्यालय बनाउन चाहन्छु ।
२. रेल र बस चलेन भने, के गर्नु हुन्छ ?
......हिँडेर फर्किन्छु ।
३. उ त्यो नयाँ जुत्ता पसलमा, राम्रो जुत्ता धेरै छन् है ।
......हो र । सस्तो भएमा किन्न चाहन्छु ।
४. भोलि पनि नआई हुँदैन ?
......सक्नु हुन्न भने, अर्को हफ्ता आउनुहोस् ।
५. बच्चाको नाम सोच्नु भयो ?
......अँ, केटा भए "हिखारु" हो । केटि भए "आया" हो ।
६. विश्वविद्यालय सकेपछि तुरन्तै काम गर्नुहुन्छ ?
......अहँ, १ बर्ष जति विभिन्न देशमा घुम्न जान चाहन्छु ।
७. गुरु, यो शब्दको अर्थ थाहा छैन ।
......शब्दकोश हेर्नुभयो ?
अँ । हेरेपनि थाहा भएन ।
८. गर्मी बेला एअर कण्डिसन, चलाउनुहुन्छ ?
......अहँ, गर्मी भएपनि चलाउँदिन । शरीरलाई राम्रो हुदैंन जस्तो लाग्छ ।

### संवाद

#### विभिन्न सेवा पाए

किमुरा: सरुवा भएकोमा बधाई छ ।
मिलर: धन्यवाद ।
किमुरा: मिलर जी टोकियो जानुभयो भने, एक्लो महशुस हुन्छ है ।
सातोउ: हो है ।
किमुरा: टोकियो जानुभएपनि, ओसाकाको कुराहरु नबिर्सिनुस् है ।
मिलर: अवश्य । सबैजना फूर्सद भयो भने अवश्य टोकियोमा घुम्न आउनुहोस् है ।
सन्तोष: मिलर जी पनि ओसाका आउनुभयो भने, फोन गर्नुहोस् । संगै पिउँ है ।
मिलर: अँ, अवश्य ।
सबैजना, साँच्चै विभिन्न सेवा पाएँ ।
सातोउ: मेहेनत गर्नुहोस् । आफ्नो ख्याल गर्नु ।
मिलर: हुन्छ । सबैजना आरामसंग बस्नु ।

## III. उपयोगी शब्द र जानकारी

### 人(ひと)の一生(いっしょう)　जीवन

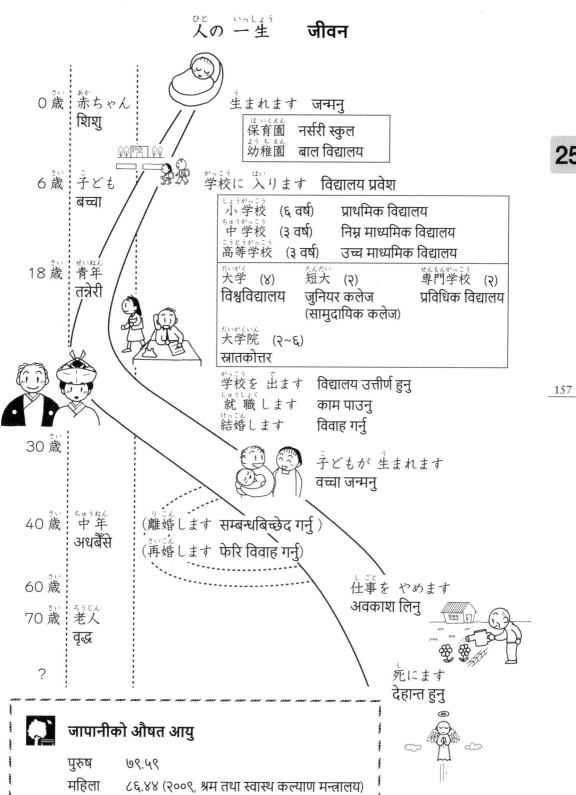

生(う)まれます　जन्मनु

| | |
|---|---|
| 保育園(ほいくえん) | नर्सरी स्कुल |
| 幼稚園(ようちえん) | बाल विद्यालय |

0歳(さい)　赤(あか)ちゃん　शिशु

6歳(さい)　子(こ)ども　बच्चा

学校(がっこう)に入(はい)ります　विद्यालय प्रवेश

| | | |
|---|---|---|
| 小学校(しょうがっこう) | (६ वर्ष) | प्राथमिक विद्यालय |
| 中学校(ちゅうがっこう) | (३ वर्ष) | निम्न माध्यमिक विद्यालय |
| 高等学校(こうとうがっこう) | (३ वर्ष) | उच्च माध्यमिक विद्यालय |

| | | |
|---|---|---|
| 大学(だいがく)　(४) | 短大(たんだい)　(२) | 専門学校(せんもんがっこう)　(२) |
| विश्वविद्यालय | जुनियर कलेज (सामुदायिक कलेज) | प्रविधिक विद्यालय |
| 大学院(だいがくいん)　(२~६) | | |
| स्नातकोत्तर | | |

18歳(さい)　青年(せいねん)　तन्नेरी

学校(がっこう)を出(で)ます　विद्यालय उत्तीर्ण हुनु

就職(しゅうしょく)します　काम पाउनु

結婚(けっこん)します　विवाह गर्नु

30歳(さい)

子(こ)どもが生(う)まれます　बच्चा जन्मनु

40歳(さい)　中年(ちゅうねん)　अधबैंसे

(離婚(りこん)します　सम्बन्धबिच्छेद गर्नु)

(再婚(さいこん)します　फेरि विवाह गर्नु)

60歳(さい)

仕事(しごと)をやめます　अवकाश लिनु

70歳(さい)　老人(ろうじん)　वृद्ध

?

死(し)にます　देहान्त हुनु

**जापानीको औषत आयु**

| | |
|---|---|
| पुरुष | ७९.५९ |
| महिला | ८६.४४ (२००९, श्रम तथा स्वास्थ कल्याण मन्त्रालय) |

## IV. व्याकरण व्याख्या

१. | **सामान्य भूतकाल स्वरुप** ら、 ～ **(मुख्य वाक्यांश)** | यदि

क्रिया, विशेषण, संज्ञाको सामान्य भूतकाल स्वरुपमा ら जोडेर, अनुमानहरु प्रतिनिधित्व गरी, त्यसपछि आउने वाक्यांश (मुख्य वाक्यांश) मा, अनुमान गरिएका बिषय वस्तुलाई संकेत गरिन्छ । मुख्य वाक्यांशमा वक्ताको ईच्छा, आकांक्षा, निमन्त्रणा, अनुरोध इत्यादि अभिव्यक्ति गर्न सकिन्छ ।

① お金が あったら、旅行します。

　(१) पैसा भयो भने, भ्रमण गर्छु ।

② 時間が なかったら、テレビを 見ません。

　(२) समय भएन भने, टेलिभिजन हेर्दिन ।

③ 安かったら、パソコンを 買いたいです。

　(३) सस्तो भयो भने, कम्प्युटर किन्न चाहन्छु ।

④ 暇だったら、手伝って ください。

　(४) फुर्सद छ भने, सहयोग गरिदिनुस् ।

⑤ いい 天気だったら、散歩しませんか。

　(५) मौसम राम्रो भयो भने, हिँडडुल गर्ने होईन ?

[सावधानी] ～と को पछाडि वाक्यांश, (मुख्य वाक्यांश) मा ईच्छा, आकांक्षा, निमन्त्रणा, अनुरोध इत्यादि अभिव्यक्तिको प्रयोग गर्न मिल्दैन ।

　　　　　　┌ コンサートに 行きます。　　　　(ईच्छा)
　✕ 時間が あると、├ コンサートに 行きたいです。　　(आकांक्षा)
　　　　　　├ コンサートに 行きませんか。　　(निमन्त्रणा)
　　　　　　└ ちょっと 手伝って ください。　(अनुरोध)

२. | **क्रिया た स्वरुप** ら、 ～ **(मुख्य वाक्यांश)** | ......भयो...... भने

क्रिया た स्वरुप ら बाट बनेको भनेर थाहा भएको अवस्थामा, यसरी बनेपछि, पछाडि जारी हुने मुख्य वाक्यांशको क्रियाकलाप वा स्थितिको स्थापित हुने कुरा जनाइन्छ ।

⑥ 10時に なったら、出かけましょう。

　(६) १० बज्यो भने, बाहिर जाऔं ।

⑦ うちへ 帰ったら、すぐ シャワーを 浴びます。

　(७) घर फर्केपछि, तुरन्तै नुहाउँछु ।

३. | **क्रिया**て**स्वरुप**<br>**क्रिया**ない**स्वरुप**なくて<br>い**विशेषण** (〜い̸)→〜くて<br>な**विशेषण** [な̸]→〜で<br>**संज्ञा**で | も、〜 **(मुख्य वाक्यांश)** | यदि ....... पनि
---|---|---

विपरित अनुमानको कुरा जनाइन्छ । て स्वरुप も को पछाडि जारी हुने वाक्यांश (मुख्य वाक्यांश) मा, ती अनुमान गरिएका बिषयवस्तुहरुको विपरित हुने र सामान्यतया अनुमान गरेको कुरासंग मेल नखाने कुरा जनाइन्छ ।

⑧ 雨が 降っても、洗濯します。　(८) पानी परेपनि लुगा धुन्छु ।

⑨ 安くても、わたしは グループ旅行が 嫌いです。

(९) सस्तो भएपनि, मलाई समूहमा भ्रमण मन पर्दैन ।

⑩ 便利でも、パソコンを 使いません。

(१०) सुबिधाजनक भएपनि, कम्प्युटर प्रयोग गर्दिन ।

⑪ 日曜日でも、働きます。　(११) आइतबार भएपनि, काम गर्छु ।

४. もし

もし मा, 〜たら संगसगै प्रयोग गरी, यो एक शर्त वा कथन हो भनेर अनुमान लगाउने काम गर्छ । もし, वक्ताको काल्पनिक भावनालाई जोड दिन्छ ।

⑫ もし 1億円 あったら、いろいろな 国を 旅行したいです。

(१२) यदि १० करोड भयो भने, विभिन्न देशमा भ्रमण गर्न चाहन्छु ।

## ५. मातहत वाक्यांशको कर्ता

पाठ १६ को २ मा 〜てから वाक्यांशको कर्ता が ले जनाउन कुरा व्याख्या गरिएको थियो । 〜てから, 〜とき, 〜と, 〜まえに इत्यादि संगसंगै 〜たら, 〜ても बारेमा पनि, मातहतको वाक्यांशको कर्तामा が ले जनाउँछ ।

⑬ 友達が 来る まえに、部屋を 掃除します。

(१३) साथी आउन अगाडि, कोठा सफा गर्छु । (पाठ १८)

⑭ 妻が 病気の とき、会社を 休みます。

(१४) श्रीमती बिरामी भएको बेला, कार्यालय छुट्टी लिन्छु । (पाठ २३)

⑮ 友達が 約束の 時間に 来なかったら、どう しますか。

(१५) साथी निर्धारित समयमा आउनुभएन भने, के गर्ने ? (पाठ २५)

## स्तम्भ(कोलम) १: **बिषय र कर्ता**

१. बिषय भनेको के हो ?

जापानी भाषाको वाक्यमा (धेरै अवस्थामा) विषय बोकेको हुन्छ । विषय वाक्यको अगाडी आई त्यस वाक्यले के को बारेमा वयान गरेको भनेर जनाउने कार्य हो । उदाहरणको लागि (१) मा「東京」को बारेमा जुन「日本の 首都」भनेर वयान गर्दछ ।

(१) 東京は 日本の 首都です。　　टोकियो जापानको शहर हो ।

त्यस्तै, (२) (३) पनि「この 部屋」「わたし」को बारेमा वयान गरेका वाक्यहरु हुन् ।

(२) この 部屋は 静かです。　　यो कोठा शान्त छ ।

(३) わたしは 先週 ディズニーランドへ 行きました。

म गत हप्ता डिज्नी ल्यान्डमा गएँ ।

बिषयलाई「は」ले जनाउँछ । अर्थात्, बिषय भएको वाक्यमा「は」को अगाडि पछाडिको वाक्य २ भागमा बाँडिएको हुन्छ「は」भएको भाग विषय हो, पुरै वाक्यमा बिषय बाहेकको भागलाई ब्याख्या भनिन्छ ।

(१) 東京は 日本の 首都です。

बिषय　　वयान

२. कर्ता भनेको

कर्ता भनेको, वाक्य पूर्ण गराउन, (क्रिया, विशेषण, संज्ञा + です) को लागि सबभन्दा महत्वपूर्ण तत्व हो । उदाहरणको लागि「飲みます、走ります」जस्ता क्रियामा कार्य गर्ने व्यक्ति「います、あります」जस्ता क्रियामा रहने व्यक्ति वा बस्तु「降ります、吹きます」जस्ता क्रियाका घटनाहरुको मुख्य बिषय (पर्ने बिषयवस्तु, फूल्ने बिषयवस्तु),「大きいです、有名です」जस्ता विशेषण वा「学生です、病気です」जस्ता「संज्ञा+です」विशेषता बोधक व्यक्ति,「好きです、怖いです」जस्ता विशेषणमा भावनाको विशेषता बोध गराउँछ । फलस्वरुप तलका उदाहरण वाक्यमा रेखाङ्कन गरेको संज्ञा सबै कर्ता हुन्छ ।

बिषय नलिने वाक्यको क्रियामा「が」ले जनाउँदछ ।

(४) 太郎が ビールを 飲みました。　　तारोउले बियर पिउनु हुन्छ ।

(५) 机の 上に 本が あります。　　टेबुलको माथि किताब छ ।

(६) きのう 雨が 降りました。　　हिजो पानी परेको थियो ।

३. बिषय र कर्ताको सम्बन्ध

कर्ता र बिषयले अलग-अलग अवधारणा बोकेको हुन्छ तर दुबैको घनिष्ठ सम्बन्ध छ । बिषय भएको धेरै वाक्यमा बिषय कर्ता पनि हो । उदाहरणको लागि (७) मा「田中さん」, (८) मा「佐藤さん」, (९) मा「わたし」को सबैमा (「は」, जोडिएकोले) बिषय हो, तर त्यहि समयमा भिन्नाभिन्नै विशेषता र भावना बोध गराउने व्यक्ति भएको हुनाले कर्ता पनि हो ।

(७) 田中さんは 有名です。　　तानाका जी प्रसिद्ध छ ।

(८) 佐藤さんは 学生です。　　सातोउ जी विद्यार्थी हो ।

(९) わたしは 犬が 怖いです。　　मलाई कुकुरसंग डर लाग्छ ।

बिषय र कर्ता धेरैजसो मिल्दछ (अपेक्षाकृत रुपमा) दुबै तर्कबाट नमिल्ने अवस्था पनि छन् । उदाहारणको लागि「この 本」मा (「は」जोडिएकोले) विषय हो तर,「書きます」जस्ता कार्य गर्नेलाई「田中さん」भएकोले,「この 本」चाहिँ कर्ता होइन ।

(१०) この 本は 田中さんが 書きました。

यो पुस्तक तानाका जीले लेख्नु भएको हो ।

(१०), (११) को वाक्यमा「この 本を」चाहिँ विषय हो भनेर विचार गर्न सकिन्छ ।

(११) 田中さんが この 本を 書きました。

(१२) この 本~~を~~は 田中さんが 書きました。

पहिला,「यस पुस्तकलाई」वाक्यको सुरुमा सारी, बिषय जनाउनलाई「は」जोडिन्छ । यस समयमा,「を」र「は」लाई संगै प्रयोग गर्न नसकिने भएकोले,「を」लाई हताएर,「は」लाई मात्र बाँकी (१०) मात्र जस्तै हुन्छ ।

बाहेकको विभक्तिलाई「は」संगै प्रयोग गरिन्छ । तसर्थ (१३) (१४) को जस्तै हुन्छ ।

(१३) 田中さんには わたしが 連絡します。　　तानाका जी लाई मैले फोन गरें ।

(१४) 山田さんからは 返事が 来ませんでした。　　यामादा जीबाट उत्तर आएन ।

४. बिषयको प्रयोग हुने वाक्य र विषयको प्रयोग नहुने वाक्य

जापानी भाषामा धेरैजसो वाक्यमा विषयको प्रयोग हुन्छ तर विषयको प्रयोग नहुने वाक्य पनि छन् । विषयको प्रयोग वाक्यमा कर्ता जनाउने भएपनि「は」को प्रयोग हुन्छ, विषयको प्रयोग नहुने वाक्यमा चाहिँ कर्तामा「が」को प्रयोग हुन्छ ।

१) घटनालाई हेरेर, सुनेर जस्ताको त्यस्तै वयान गर्ने बेला, घटनालाई ५ इन्द्रियले महशुस गरी जस्ताको त्यस्तै वयान गर्ने बेला विषयको प्रयोग नहुने वाक्यको प्रयोग गरिन्छ ।

(१५) あっ、雨が 降って います。　　　　　　ओहो, पानी परिरहेको छ ।

(१६) ラジオの 音が 小さいです。　　　　　　रेडियोको आवाज सानो छ ।

(१७) (窓の 外を 見て) 月が きれいだなぁ。　　(झ्याल बाहिर हेरेर) चन्द्रमा राम्रो छ ।

२) घटनालाई उद्देश्यात्मक रुपमा भन्ने बेला वा कथा वस्तुको प्रारम्भिक अवस्थामा पनि बिषय बिनाको वाक्यको प्रयोग गरिन्छ ।

(१८) きのう 太郎が 来ました。　　　　　　हिजो तारोउ आउनुभयो ।

(१९) 来週 パーティーが あります。　　　　अर्को हप्ता पार्टी छ ।

(२०) むかしむかし ある ところに おじいさんと おばあさんが いました。
एकादेशमा एक ठाउँमा बाजे र बज्यै हुनुहुन्थ्यो ।

## स्तम्भ(कोलम) २: वाक्यांश

....................................................................................

वाक्यांश भनेको, वाक्यको एक भाग अर्को वाक्यको स्वरुपमा बन्ने बेलाको अवस्था हो ।

उदाहरणको लागि (१) मा रेखाङ्कन गरिएको 「田中さんが ここへ 来ました。」(२) मा रेखाङ्कन गरिएको 「あした 雨が 降ります。」जस्ता वाक्यको अन्य भन्दा ठूलो वाक्यको एक भाग भएको हो ।

(१) 田中さんが ここへ 来た とき、山田さんは いませんでした。

तानाका जी यहाँ आउनु भएको बेला, यामादा जी थिएन ।

(२) あした 雨が 降ったら、わたしは 出かけません。

भोली पानी पर्यो भने, म बाहिर जाँदिन ।

यस प्रकार, अन्य वाक्यको वाक्यांशलाई मातहत वाक्यांश भनिन्छ । यद्यपि, पूरै वाक्यको वाक्यांशबाट मातहतका वाक्यांशलाई छोडेको भागलाई मुख्य वाक्यांश भनिन्छ ।

मातहतका वाक्यांशले मुख्य वाक्यांशको बिषय सूचीलाई अझ विस्तार गर्ने कार्य गर्दछ । उदाहरणको लागि (२) मा म बाहिर नजाने शर्तमा, 「あした 雨が 降ったら」भनेर मुख्य वाक्यांशको विषय सूचीमा सिमित हुन्छ ।

जापानी भाषामा साधारणतया शब्दक्रम अनुसार मातहतका वाक्यांश मुख्य वाक्यांशको अगाडि हुन्छ ।

मातहतका वाक्यांशको मुख्य वाक्यांश साधारणतया (「は」नभई) 「が」ले जनाउँदछ । तर,「〜が」「〜けど」को वाक्यांशको कर्तासंग「は」ले जनाउँदछ ।

163

# परिशिष्ट

## I. अंक

| | |
|---|---|
| 0 | ゼロ、れい |
| 1 | いち |
| 2 | に |
| 3 | さん |
| 4 | よん、し |
| 5 | ご |
| 6 | ろく |
| 7 | なな、しち |
| 8 | はち |
| 9 | きゅう、く |
| 10 | じゅう |
| 11 | じゅういち |
| 12 | じゅうに |
| 13 | じゅうさん |
| 14 | じゅうよん、じゅうし |
| 15 | じゅうご |
| 16 | じゅうろく |
| 17 | じゅうなな、じゅうしち |
| 18 | じゅうはち |
| 19 | じゅうきゅう、じゅうく |
| 20 | にじゅう |
| 30 | さんじゅう |
| 40 | よんじゅう |
| 50 | ごじゅう |
| 60 | ろくじゅう |
| 70 | ななじゅう、しちじゅう |
| 80 | はちじゅう |
| 90 | きゅうじゅう |

| | |
|---|---|
| 100 | ひゃく |
| 200 | にひゃく |
| 300 | さんびゃく |
| 400 | よんひゃく |
| 500 | ごひゃく |
| 600 | ろっぴゃく |
| 700 | ななひゃく |
| 800 | はっぴゃく |
| 900 | きゅうひゃく |
| 1,000 | せん |
| 2,000 | にせん |
| 3,000 | さんぜん |
| 4,000 | よんせん |
| 5,000 | ごせん |
| 6,000 | ろくせん |
| 7,000 | ななせん |
| 8,000 | はっせん |
| 9,000 | きゅうせん |
| 10,000 | いちまん |
| 100,000 | じゅうまん |
| 1,000,000 | ひゃくまん |
| 10,000,000 | せんまん |
| 100,000,000 | いちおく |
| 17.5 | じゅうななてんご |
| 0.83 | れいてんはちさん |
| $\frac{1}{2}$ | にぶんの いち |
| $\frac{3}{4}$ | よんぶんの さん |

## II. समयको अभिव्यक्ति

| दिन | बिहान | राति |
|---|---|---|
| おととい<br>दुई दिन अघि | おとといの　あさ<br>दुई दिन अघिको बिहान | おとといの　ばん(よる)<br>दुई दिन अघिको राति |
| きのう<br>हिजो | きのうの　あさ<br>हिजो बिहान | きのうの　ばん(よる)<br>हिजो राति |
| きょう<br>आज | けさ<br>बिहान | こんばん(きょうの　よる)<br>आज राति |
| あした<br>भोली | あしたの　あさ<br>भोली बिहान | あしたの　ばん(よる)<br>भोली राति |
| あさって<br>पर्सी | あさっての　あさ<br>पर्सी बिहान | あさっての　ばん(よる)<br>पर्सी राति |
| まいにち<br>हरेक दिन | まいあさ<br>हरेक बिहान | まいばん<br>हरेक राति |

| हप्ता | महिना | बर्ष |
|---|---|---|
| せんせんしゅう<br>(にしゅうかんまえ)<br>दुइ हप्ता अगाडि | せんせんげつ<br>(にかげつまえ)<br>२ महिना अगाडि | おととし<br>२ बर्ष अगाडि |
| せんしゅう<br>गत हप्ता | せんげつ<br>गत महिना | きょねん<br>गत बर्ष |
| こんしゅう<br>यस हप्ता | こんげつ<br>यस महिना | ことし<br>यस बर्ष |
| らいしゅう<br>अर्को हप्ता | らいげつ<br>अर्को महिना | らいねん<br>अर्को बर्ष |
| さらいしゅう<br>अर्को हप्ता पछि | さらいげつ<br>अर्को महिना पछि | さらいねん<br>अर्को बर्ष पछि |
| まいしゅう<br>हरेक हप्ता | まいつき<br>हरेक महिना | まいとし、まいねん<br>हरेक बर्ष |

## समय भन्ने तरिका

| | बजे −時 | | मिनेट −分 |
|---|---|---|---|
| 1 | いちじ | 1 | いっぷん |
| 2 | にじ | 2 | にふん |
| 3 | さんじ | 3 | さんぷん |
| 4 | よじ | 4 | よんぷん |
| 5 | ごじ | 5 | ごふん |
| 6 | ろくじ | 6 | ろっぷん |
| 7 | しちじ | 7 | ななふん |
| 8 | はちじ | 8 | はっぷん |
| 9 | くじ | 9 | きゅうふん |
| 10 | じゅうじ | 10 | じゅっぷん、じっぷん |
| 11 | じゅういちじ | 15 | じゅうごふん |
| 12 | じゅうにじ | 30 | さんじゅっぷん、さんじっぷん、はん |
| ? | なんじ | ? | なんぷん |

| बार ～曜日 | |
|---|---|
| にちようび | आइतबार |
| げつようび | सोमबार |
| かようび | मंगलबार |
| すいようび | बुधबार |
| もくようび | बिहिबार |
| きんようび | शुक्रबार |
| どようび | शनिबार |
| なんようび | कुन बार |

| मिति | | | | | |
|---|---|---|---|---|---|
| **महिना −月** | | **दिन −日** | | | |
| 1 | いちがつ | 1 | ついたち | 17 | じゅうしちにち |
| 2 | にがつ | 2 | ふつか | 18 | じゅうはちにち |
| 3 | さんがつ | 3 | みっか | 19 | じゅうくにち |
| 4 | しがつ | 4 | よっか | 20 | はつか |
| 5 | ごがつ | 5 | いつか | 21 | にじゅういちにち |
| 6 | ろくがつ | 6 | むいか | 22 | にじゅうににち |
| 7 | しちがつ | 7 | なのか | 23 | にじゅうさんにち |
| 8 | はちがつ | 8 | ようか | 24 | にじゅうよっか |
| 9 | くがつ | 9 | ここのか | 25 | にじゅうごにち |
| 10 | じゅうがつ | 10 | とおか | 26 | にじゅうろくにち |
| 11 | じゅういちがつ | 11 | じゅういちにち | 27 | にじゅうしちにち |
| 12 | じゅうにがつ | 12 | じゅうににち | 28 | にじゅうはちにち |
| ? | なんがつ | 13 | じゅうさんにち | 29 | にじゅうくにち |
| | | 14 | じゅうよっか | 30 | さんじゅうにち |
| | | 15 | じゅうごにち | 31 | さんじゅういちにち |
| | | 16 | じゅうろくにち | ? | なんにち |

# III. अवधिको अभिव्यक्ति

<table>
<tr><th colspan="3">समयको अवधि</th></tr>
<tr><th colspan="2">घन्टा －時間</th><th>मिनेट －分</th></tr>
<tr><td>1</td><td>いちじかん</td><td>いっぷん</td></tr>
<tr><td>2</td><td>にじかん</td><td>にふん</td></tr>
<tr><td>3</td><td>さんじかん</td><td>さんぷん</td></tr>
<tr><td>4</td><td>よじかん</td><td>よんぷん</td></tr>
<tr><td>5</td><td>ごじかん</td><td>ごふん</td></tr>
<tr><td>6</td><td>ろくじかん</td><td>ろっぷん</td></tr>
<tr><td>7</td><td>ななじかん、しちじかん</td><td>ななふん</td></tr>
<tr><td>8</td><td>はちじかん</td><td>はっぷん</td></tr>
<tr><td>9</td><td>くじかん</td><td>きゅうふん</td></tr>
<tr><td>10</td><td>じゅうじかん</td><td>じゅっぷん、じっぷん</td></tr>
<tr><td>?</td><td>なんじかん</td><td>なんぷん</td></tr>
</table>

<table>
<tr><th colspan="5">अवधि</th></tr>
<tr><th></th><th>दिन －日</th><th>हप्ता －週間</th><th>महिना －か月</th><th>बर्ष －年</th></tr>
<tr><td>1</td><td>いちにち</td><td>いっしゅうかん</td><td>いっかげつ</td><td>いちねん</td></tr>
<tr><td>2</td><td>ふつか</td><td>にしゅうかん</td><td>にかげつ</td><td>にねん</td></tr>
<tr><td>3</td><td>みっか</td><td>さんしゅうかん</td><td>さんかげつ</td><td>さんねん</td></tr>
<tr><td>4</td><td>よっか</td><td>よんしゅうかん</td><td>よんかげつ</td><td>よねん</td></tr>
<tr><td>5</td><td>いつか</td><td>ごしゅうかん</td><td>ごかげつ</td><td>ごねん</td></tr>
<tr><td>6</td><td>むいか</td><td>ろくしゅうかん</td><td>ろっかげつ、はんとし</td><td>ろくねん</td></tr>
<tr><td>7</td><td>なのか</td><td>ななしゅうかん</td><td>ななかげつ</td><td>ななねん、しちねん</td></tr>
<tr><td>8</td><td>ようか</td><td>はっしゅうかん</td><td>はちかげつ、はっかげつ</td><td>はちねん</td></tr>
<tr><td>9</td><td>ここのか</td><td>きゅうしゅうかん</td><td>きゅうかげつ</td><td>きゅうねん</td></tr>
<tr><td>10</td><td>とおか</td><td>じゅっしゅうかん、じっしゅうかん</td><td>じゅっかげつ、じっかげつ</td><td>じゅうねん</td></tr>
<tr><td>?</td><td>なんにち</td><td>なんしゅうかん</td><td>なんかげつ</td><td>なんねん</td></tr>
</table>

## IV. गणना प्रत्यय

| | बस्तु | व्यक्ति | क्रमबद्ध | पातलो र समतल बस्तु |
|---|---|---|---|---|
| | | ー人 | ー番 | ー枚 |
| 1 | ひとつ | ひとり | いちばん | いちまい |
| 2 | ふたつ | ふたり | にばん | にまい |
| 3 | みっつ | さんにん | さんばん | さんまい |
| 4 | よっつ | よにん | よんばん | よんまい |
| 5 | いつつ | ごにん | ごばん | ごまい |
| 6 | むっつ | ろくにん | ろくばん | ろくまい |
| 7 | ななつ | ななにん、しちにん | ななばん | ななまい |
| 8 | やっつ | はちにん | はちばん | はちまい |
| 9 | ここのつ | きゅうにん | きゅうばん | きゅうまい |
| 10 | とお | じゅうにん | じゅうばん | じゅうまい |
| ? | いくつ | なんにん | なんばん | なんまい |

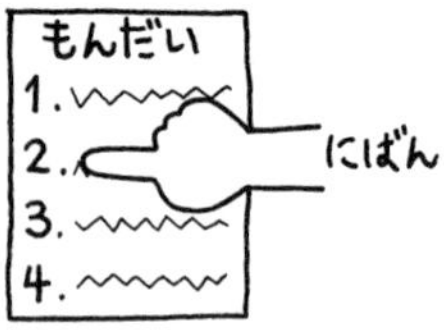

| | मेशिन र सवारी साधन | बर्ष | किताब र कापी | लुगा |
|---|---|---|---|---|
| | ー台 | ー歳 | ー冊 | ー着 |
| 1 | いちだい | いっさい | いっさつ | いっちゃく |
| 2 | にだい | にさい | にさつ | にちゃく |
| 3 | さんだい | さんさい | さんさつ | さんちゃく |
| 4 | よんだい | よんさい | よんさつ | よんちゃく |
| 5 | ごだい | ごさい | ごさつ | ごちゃく |
| 6 | ろくだい | ろくさい | ろくさつ | ろくちゃく |
| 7 | ななだい | ななさい | ななさつ | ななちゃく |
| 8 | はちだい | はっさい | はっさつ | はっちゃく |
| 9 | きゅうだい | きゅうさい | きゅうさつ | きゅうちゃく |
| 10 | じゅうだい | じゅっさい、じっさい | じゅっさつ、じっさつ | じゅっちゃく、じっちゃく |
| ? | なんだい | なんさい | なんさつ | なんちゃく |

| | | | | |
|---|---|---|---|---|
| | पटक | सानो बस्तु | जुत्ता र मोजा | घर |
| | ー回 | ー個 | ー足 | ー軒 |
| 1 | いっかい | いっこ | いっそく | いっけん |
| 2 | にかい | にこ | にそく | にけん |
| 3 | さんかい | さんこ | さんぞく | さんげん |
| 4 | よんかい | よんこ | よんそく | よんけん |
| 5 | ごかい | ごこ | ごそく | ごけん |
| 6 | ろっかい | ろっこ | ろくそく | ろっけん |
| 7 | ななかい | ななこ | ななそく | ななけん |
| 8 | はっかい | はっこ | はっそく | はっけん |
| 9 | きゅうかい | きゅうこ | きゅうそく | きゅうけん |
| 10 | じゅっかい、じっかい | じゅっこ、じっこ | じゅっそく、じっそく | じゅっけん、じっけん |
| ? | なんかい | なんこ | なんぞく | なんげん |

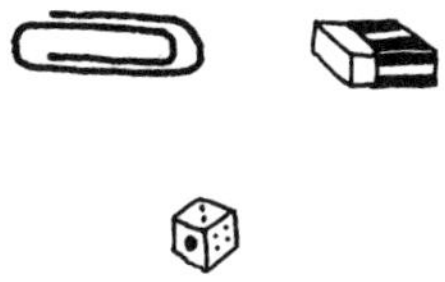

| | | | | |
|---|---|---|---|---|
| | घरको तल्ला | पातलो र लामो | कप वा गिलासमा भएको तरल पदार्थ पिउनु | सानो, जनावर, माछा, किरा |
| | ー階 | ー本 | ー杯 | ー匹 |
| 1 | いっかい | いっぽん | いっぱい | いっぴき |
| 2 | にかい | にほん | にはい | にひき |
| 3 | さんがい | さんぼん | さんばい | さんびき |
| 4 | よんかい | よんほん | よんはい | よんひき |
| 5 | ごかい | ごほん | ごはい | ごひき |
| 6 | ろっかい | ろっぽん | ろっぱい | ろっぴき |
| 7 | ななかい | ななほん | ななはい | ななひき |
| 8 | はっかい | はっぽん | はっぱい | はっぴき |
| 9 | きゅうかい | きゅうほん | きゅうはい | きゅうひき |
| 10 | じゅっかい、じっかい | じゅっぽん、じっぽん | じゅっぱい、じっぱい | じゅっぴき、じっぴき |
| ? | なんがい | なんぼん | なんばい | なんびき |

## V. क्रियाको समन्वय

### समूह I

| | ます स्वरुप | | て स्वरुप | शव्दकोश स्वरुप |
|---|---|---|---|---|
| 会います[ともだちに～] | あい | ます | あって | あう |
| 遊びます | あそび | ます | あそんで | あそぶ |
| 洗います | あらい | ます | あらって | あらう |
| あります | あり | ます | あって | ある |
| あります | あり | ます | あって | ある |
| あります[おまつりが～] | あり | ます | あって | ある |
| 歩きます | あるき | ます | あるいて | あるく |
| 言います | いい | ます | いって | いう |
| 行きます | いき | ます | いって | いく |
| 急ぎます | いそぎ | ます | いそいで | いそぐ |
| 要ります[ビザが～] | いり | ます | いって | いる |
| 動きます | うごき | ます | うごいて | うごく |
| 歌います | うたい | ます | うたって | うたう |
| 売ります | うり | ます | うって | うる |
| 置きます | おき | ます | おいて | おく |
| 送ります | おくり | ます | おくって | おくる |
| 送ります[ひとを～] | おくり | ます | おくって | おくる |
| 押します | おし | ます | おして | おす |
| 思い出します | おもいだし | ます | おもいだして | おもいだす |
| 思います | おもい | ます | おもって | おもう |
| 泳ぎます | およぎ | ます | およいで | およぐ |
| 下ろします[おかねを～] | おろし | ます | おろして | おろす |
| 終わります | おわり | ます | おわって | おわる |
| 買います | かい | ます | かって | かう |
| 返します | かえし | ます | かえして | かえす |
| 帰ります | かえり | ます | かえって | かえる |
| かかります | かかり | ます | かかって | かかる |
| 書きます(かきます) | かき | ます | かいて | かく |
| 貸します | かし | ます | かして | かす |
| 勝ちます | かち | ます | かって | かつ |

| ない स्वरुप | | た स्वरुप | अर्थ | पाठ |
|---|---|---|---|---|
| あわ | ない | あった | भेट्नु [साथी～] | ६ |
| あそば | ない | あそんだ | खेल्नु | १३ |
| あらわ | ない | あらった | धुनु | १८ |
| — | ない | あった | हुनु | ९ |
| — | ない | あった | छ सजिव | १० |
| — | ない | あった | छ [चाडपर्व～] | २१ |
| あるか | ない | あるいた | हिँड्नु | २३ |
| いわ | ない | いった | भन्नु | २१ |
| いか | ない | いった | जानु | ५ |
| いそが | ない | いそいだ | हतार हुनु | १४ |
| いら | ない | いった | चाहिनु, आवश्यक [भिसा～] | २० |
| うごか | ない | うごいた | चल्नु | २१ |
| うたわ | ない | うたった | गाउनु | १८ |
| うら | ない | うった | बेच्नु | १५ |
| おか | ない | おいた | राख्नु [यहाँ～] | १५ |
| おくら | ない | おくった | पठाउनु | ७ |
| おくら | ない | おくった | पुर्‌याउनु [व्यक्ति～] | २४ |
| おさ | ない | おした | धकेल्नु, थिच्नु | १६ |
| おもいださ | ない | おもいだした | सम्झनु, याद गर्नु | १५ |
| おもわ | ない | おもった | जस्तो लाग्नु, विचार गर्नु | २१ |
| およが | ない | およいだ | पौडिनु | १३ |
| おろさ | ない | おろした | झिक्नु, निकाल्नु [नगद～] | १६ |
| おわら | ない | おわった | सकिनु | ४ |
| かわ | ない | かった | किन्नु | ६ |
| かえさ | ない | かえした | फिर्ता गर्नु | १७ |
| かえら | ない | かえった | फर्कनु | ५ |
| かから | ない | かかった | लाग्नु (समय वा पैसा लाग्नु) | ११ |
| かか | ない | かいた | लेख्नु, चित्र कोर्नु | ६ |
| かさ | ない | かした | सापट दिनु | ७ |
| かた | ない | かった | जित्नु | २१ |

| | ます स्वरुप | | て स्वरुप | शब्दकोश स्वरुप |
|---|---|---|---|---|
| かぶります | かぶり | ます | かぶって | かぶる |
| 頑張ります | がんばり | ます | がんばって | がんばる |
| 聞きます | きき | ます | きいて | きく |
| 聞きます[せんせいに～] | きき | ます | きいて | きく |
| 切ります | きり | ます | きって | きる |
| 消します | けし | ます | けして | けす |
| 触ります[ドアに～] | さわり | ます | さわって | さわる |
| 知ります | しり | ます | しって | しる |
| 吸います[たばこを～] | すい | ます | すって | すう |
| 住みます | すみ | ます | すんで | すむ |
| 座ります | すわり | ます | すわって | すわる |
| 出します | だし | ます | だして | だす |
| 立ちます | たち | ます | たって | たつ |
| 使います | つかい | ます | つかって | つかう |
| 着きます | つき | ます | ついて | つく |
| 作ります、造ります | つくり | ます | つくって | つくる |
| 連れて 行きます | つれて いき | ます | つれて いって | つれて いく |
| 手伝います | てつだい | ます | てつだって | てつだう |
| 泊まります[ホテルに～] | とまり | ます | とまって | とまる |
| 取ります | とり | ます | とって | とる |
| 撮ります[しゃしんを～] | とり | ます | とって | とる |
| 取ります[としを～] | とり | ます | とって | とる |
| 直します | なおし | ます | なおして | なおす |
| なくします | なくし | ます | なくして | なくす |
| 習います | ならい | ます | ならって | ならう |
| なります | なり | ます | なって | なる |
| 脱ぎます | ぬぎ | ます | ぬいで | ぬぐ |
| 登ります、上ります | のぼり | ます | のぼって | のぼる |
| 飲みます | のみ | ます | のんで | のむ |
| 飲みます | のみ | ます | のんで | のむ |
| 飲みます[くすりを～] | のみ | ます | のんで | のむ |
| 乗ります[でんしゃに～] | のり | ます | のって | のる |

| ないस्वरुप | | た स्वरुप | अर्थ | पाठ |
|---|---|---|---|---|
| かぶら | ない | かぶった | लगाउनु (टोपी इत्यादि) | २२ |
| がんばら | ない | がんばった | मेहेनेत गर्नु | २५ |
| きか | ない | きいた | सुन्नु | ६ |
| きか | ない | きいた | सोध्नु [शिक्षकलाई～] | २३ |
| きら | ない | きった | काट्नु | ७ |
| けさ | ない | けした | निभाउनु | १४ |
| さわら | ない | さわった | छुनु [ढोका～] | २३ |
| しら | ない | しった | थाहा हुनु, चिन्नु | १५ |
| すわ | ない | すった | पिउनु [चुरोट] | ६ |
| すま | ない | すんだ | रहनु, कुनै ठाँउमा | १५ |
| すわら | ない | すわった | बस्नु [यहाँ～] | १४ |
| ださ | ない | だした | निकाल्नु | १६ |
| たた | ない | たった | उठ्नु | १४ |
| つかわ | ない | つかった | प्रयोग गर्नु | १४ |
| つか | ない | ついた | पुग्नु [स्टेसनमा～] | २५ |
| つくら | ない | つくった | बनाउनु, उत्पादन गर्नु | १५ |
| つれて いか | ない | つれて いった | लिएर जानु | २४ |
| てつだわ | ない | てつだった | सहयोग गर्नु | १४ |
| とまら | ない | とまった | बस्नु [होटेल～] | १९ |
| とら | ない | とった | लिनु | १४ |
| とら | ない | とった | लिनु [फोटो～] | ६ |
| とら | ない | とった | ढल्कनु [उमेर～] | २५ |
| なおさ | ない | なおした | मर्मत गर्नु, सच्याउनु | २४ |
| なくさ | ない | なくした | हराउनु, गुमाउनु | १७ |
| ならわ | ない | ならった | सिक्नु | ७ |
| なら | ない | なった | हुनु | १९ |
| ぬが | ない | ぬいだ | फुकाल्नु, खोल्नु (लुगा, जुत्ता इत्यादि) | १७ |
| のぼら | ない | のぼった | चढ्नु, माथी जानु | १९ |
| のま | ない | のんだ | पिउनु | ६ |
| のま | ない | のんだ | पिउनु (रक्सी) | १६ |
| のま | ない | のんだ | लिनु, खानु [औषधि～] | १७ |
| のら | ない | のった | चढ्नु [रेल～] | १६ |

173

| | ますस्वरुप | | てस्वरुप | शव्दकोश स्वरुप |
|---|---|---|---|---|
| 入ります[きっさてんに～] | はいり | ます | はいって | はいる |
| 入ります[だいがくに～] | はいり | ます | はいって | はいる |
| 入ります[おふろに～] | はいり | ます | はいって | はいる |
| はきます | はき | ます | はいて | はく |
| 働きます | はたらき | ます | はたらいて | はたらく |
| 話します | はなし | ます | はなして | はなす |
| 払います | はらい | ます | はらって | はらう |
| 弾きます | ひき | ます | ひいて | ひく |
| 引きます | ひき | ます | ひいて | ひく |
| 降ります[あめが～] | ふり | ます | ふって | ふる |
| 曲がります[みぎへ～] | まがり | ます | まがって | まがる |
| 待ちます | まち | ます | まって | まつ |
| 回します | まわし | ます | まわして | まわす |
| 持ちます | もち | ます | もって | もつ |
| 持って 行きます | もって いき | ます | もって いって | もって いく |
| もらいます | もらい | ます | もらって | もらう |
| 役に 立ちます | やくに たち | ます | やくに たって | やくに たつ |
| 休みます | やすみ | ます | やすんで | やすむ |
| 休みます[かいしゃを～] | やすみ | ます | やすんで | やすむ |
| 呼びます | よび | ます | よんで | よぶ |
| 読みます | よみ | ます | よんで | よむ |
| わかります | わかり | ます | わかって | わかる |
| 渡ります[はしを～] | わたり | ます | わたって | わたる |

| ない स्वरुप | | た स्वरुप | अर्थ | पाठ |
|---|---|---|---|---|
| はいら | ない | はいった | छिर्नु [कफी पसल〜] | १४ |
| はいら | ない | はいった | प्रवेश गर्नु [विश्वविद्यालय〜] | १६ |
| はいら | ない | はいった | छिर्नु [तातो पानीमा〜] | १७ |
| はか | ない | はいた | लगाउनु [जुत्ता, सुरुवाल〜] | २२ |
| はたらか | ない | はたらいた | काम गर्नु | ४ |
| はなさ | ない | はなした | बोल्नु, कुरा गर्नु | १४ |
| はらわ | ない | はらった | तिर्नु | १७ |
| ひか | ない | ひいた | बजाउनु | १८ |
| ひか | ない | ひいた | तान्नु | २३ |
| ふら | ない | ふった | पर्नु [पानी〜] | १४ |
| まがら | ない | まがった | मोड्नु [दायाँ〜] | २३ |
| また | ない | まった | कुर्नु, पर्खिनु | १४ |
| まわさ | ない | まわした | घुमाउनु | २३ |
| もた | ない | もった | बोक्नु | १४ |
| もって いか | ない | もって いった | लैजानु (लिएर जानु) | १७ |
| もらわ | ない | もらった | पाउनु | ७ |
| やくに たた | ない | やくに たった | उपयोगी हुनु, काम लाग्नु | २१ |
| やすま | ない | やすんだ | आराम गर्नु, बिदा बस्नु | ४ |
| やすま | ない | やすんだ | बिदा बस्नु [कार्यालय〜] | ११ |
| よば | ない | よんだ | बोलाउनु | १४ |
| よま | ない | よんだ | पढ्नु | ६ |
| わから | ない | わかった | बुझ्नु | ९ |
| わたら | ない | わたった | तर्नु, पार गर्नु [पुल〜] | २३ |

## समूह II

| | ますस्वरुप | | て स्वरुप | शव्दकोश स्वरुप |
|---|---|---|---|---|
| 開けます | あけ | ます | あけて | あける |
| あげます | あげ | ます | あげて | あげる |
| 集めます | あつめ | ます | あつめて | あつめる |
| 浴びます[シャワーを～] | あび | ます | あびて | あびる |
| います | い | ます | いて | いる |
| います[こどもが～] | い | ます | いて | いる |
| います[にほんに～] | い | ます | いて | いる |
| 入れます | いれ | ます | いれて | いれる |
| 生まれます | うまれ | ます | うまれて | うまれる |
| 起きます | おき | ます | おきて | おきる |
| 教えます | おしえ | ます | おしえて | おしえる |
| 教えます[じゅうしょを～] | おしえ | ます | おしえて | おしえる |
| 覚えます | おぼえ | ます | おぼえて | おぼえる |
| 降ります[でんしゃを～] | おり | ます | おりて | おりる |
| 換えます | かえ | ます | かえて | かえる |
| 変えます | かえ | ます | かえて | かえる |
| かけます[でんわを～] | かけ | ます | かけて | かける |
| かけます[めがねを～] | かけ | ます | かけて | かける |
| 借ります | かり | ます | かりて | かりる |
| 考えます | かんがえ | ます | かんがえて | かんがえる |
| 着ます | き | ます | きて | きる |
| 気を つけます | きを つけ | ます | きを つけて | きを つける |
| くれます | くれ | ます | くれて | くれる |
| 閉めます | しめ | ます | しめて | しめる |
| 調べます | しらべ | ます | しらべて | しらべる |
| 捨てます | すて | ます | すてて | すてる |
| 食べます | たべ | ます | たべて | たべる |
| 足ります | たり | ます | たりて | たりる |
| 疲れます | つかれ | ます | つかれて | つかれる |
| つけます | つけ | ます | つけて | つける |
| 出かけます | でかけ | ます | でかけて | でかける |

| ない स्वरुप | | た स्वरुप | अर्थ | पाठ |
|---|---|---|---|---|
| あけ | ない | あけた | खोल्नु | १४ |
| あげ | ない | あげた | दिनु | ७ |
| あつめ | ない | あつめた | संकलन गर्नु | १८ |
| あび | ない | あびた | नुहाउनु | १६ |
| い | ない | いた | छ, हुनु, सजिवलाई जनाउँदछ | १० |
| い | ない | いた | छ, बच्चा | ११ |
| い | ない | いた | छु, हुनु, बस्नु [जापानमा~] | ११ |
| いれ | ない | いれた | भित्र राख्नु (छिराउनु) | १६ |
| うまれ | ない | うまれた | जन्मनु | २२ |
| おき | ない | おきた | उठ्नु, बिउँझनु | ४ |
| おしえ | ない | おしえた | सिकाउनु | ७ |
| おしえ | ない | おしえた | सिकाउनु, बताउनु [ठेगाना~] | १४ |
| おぼえ | ない | おぼえた | सम्झनु | १७ |
| おり | ない | おりた | ओर्लिनु [रेलबाट~] | १६ |
| かえ | ない | かえた | साटासाट गर्नु, साट्नु | १८ |
| かえ | ない | かえた | परिवर्तन गर्नु | २३ |
| かけ | ない | かけた | गर्नु [फोन गर्नु~] | ७ |
| かけ | ない | かけた | लगाउनु [चस्मा लगाउनु~] | २२ |
| かり | ない | かりた | सापट लिनु | ७ |
| かんがえ | ない | かんがえた | सोच्नु, विचार गर्नु | २५ |
| き | ない | きた | लगाउनु (सर्ट) | २२ |
| きを つけ | ない | きを つけた | ध्यान दिनु | २१ |
| くれ | ない | くれた | पाउनु | २४ |
| しめ | ない | しめた | बन्द गर्नु | १४ |
| しらべ | ない | しらべた | जाँच गर्नु, खोजतलास गर्नु, छानबिन गर्नु | २० |
| すて | ない | すてた | फाल्नु | १८ |
| たべ | ない | たべた | खानु | ६ |
| たり | ない | たりた | पर्याप्त हुनु | २५ |
| つかれ | ない | つかれた | थाक्नु | १३ |
| つけ | ない | つけた | बाल्नु | १४ |
| でかけ | ない | でかけた | बाहिर जानु | १७ |

177

| | ます स्वरुप | | て स्वरुप | शव्दकोश स्वरुप |
|---|---|---|---|---|
| できます | でき | ます | できて | できる |
| 出ます[おつりが～] | で | ます | でて | でる |
| 出ます[きっさてんを～] | で | ます | でて | でる |
| 出ます[だいがくを～] | で | ます | でて | でる |
| 止めます | とめ | ます | とめて | とめる |
| 寝ます | ね | ます | ねて | ねる |
| 乗り換えます | のりかえ | ます | のりかえて | のりかえる |
| 始めます | はじめ | ます | はじめて | はじめる |
| 負けます | まけ | ます | まけて | まける |
| 見せます | みせ | ます | みせて | みせる |
| 見ます | み | ます | みて | みる |
| 迎えます | むかえ | ます | むかえて | むかえる |
| やめます[かいしゃを～] | やめ | ます | やめて | やめる |
| 忘れます | わすれ | ます | わすれて | わすれる |

| ないस्वरुप | | たस्वरुप | अर्थ | पाठ |
|---|---|---|---|---|
| でき | ない | できた | गर्न सक्नु | १८ |
| で | ない | でた | फिर्ता गर्नु, फिर्ता आउनु [पैसा～] | २३ |
| で | ない | でた | बाहिर निस्कनु [कफी पसलबाट～] | १४ |
| で | ない | でた | सकिनु [विश्वविद्यालय～] | १६ |
| とめ | ない | とめた | रोक्नु | १४ |
| ね | ない | ねた | सुत्नु | ४ |
| のりかえ | ない | のりかえた | फेर्नु (ट्रेन इत्यादि) | १६ |
| はじめ | ない | はじめた | सुरु गर्नु | १६ |
| まけ | ない | まけた | हार्नु | २१ |
| みせ | ない | みせた | देखाउनु | १४ |
| み | ない | みた | हेर्नु | ६ |
| むかえ | ない | むかえた | स्वागत गर्नु | १३ |
| やめ | ない | やめた | छोड्नु [कम्पनी～] | २१ |
| わすれ | ない | わすれた | बिर्सनु | १७ |

179

## समूह III

| | ます स्वरुप | | て स्वरुप | शव्दकोश स्वरुप |
|---|---|---|---|---|
| 案内します | あんないし | ます | あんないして | あんないする |
| 運転します | うんてんし | ます | うんてんして | うんてんする |
| 買い物します | かいものし | ます | かいものして | かいものする |
| 来ます | き | ます | きて | くる |
| 結婚します | けっこんし | ます | けっこんして | けっこんする |
| 見学します | けんがくし | ます | けんがくして | けんがくする |
| 研究します | けんきゅうし | ます | けんきゅうして | けんきゅうする |
| コピーします | コピーし | ます | コピーして | コピーする |
| 散歩します[こうえんを～] | さんぽし | ます | さんぽして | さんぽする |
| 残業します | ざんぎょうし | ます | ざんぎょうして | ざんぎょうする |
| します | し | ます | して | する |
| します[ネクタイを～] | し | ます | して | する |
| 修理します | しゅうりし | ます | しゅうりして | しゅうりする |
| 出張します | しゅっちょうし | ます | しゅっちょうして | しゅっちょうする |
| 紹介します | しょうかいし | ます | しょうかいして | しょうかいする |
| 食事します | しょくじし | ます | しょくじして | しょくじする |
| 心配します | しんぱいし | ます | しんぱいして | しんぱいする |
| 説明します | せつめいし | ます | せつめいして | せつめいする |
| 洗濯します | せんたくし | ます | せんたくして | せんたくする |
| 掃除します | そうじし | ます | そうじして | そうじする |
| 連れて 来ます | つれて き | ます | つれて きて | つれて くる |
| 電話します | でんわし | ます | でんわして | でんわする |
| 勉強します | べんきょうし | ます | べんきょうして | べんきょうする |
| 持って 来ます | もって き | ます | もって きて | もって くる |
| 予約します | よやくし | ます | よやくして | よやくする |
| 留学します | りゅうがくし | ます | りゅうがくして | りゅうがくする |

| ない स्वरुप | | た स्वरुप | अर्थ | पाठ |
|---|---|---|---|---|
| あんないし | ない | あんないした | देखाउनु | २४ |
| うんてんし | ない | うんてんした | चलाउनु | १८ |
| かいものし | ない | かいものした | किनमेल गर्नु | १३ |
| こ | ない | きた | आउनु | ५ |
| けっこんし | ない | けっこんした | विवाह गर्नु | १३ |
| けんがくし | ない | けんがくした | शैक्षिक भ्रमण | १६ |
| けんきゅうし | ない | けんきゅうした | अनुसन्धान गर्नु | १५ |
| コピーし | ない | コピーした | कपि गर्नु | १४ |
| さんぽし | ない | さんぽした | हिंड्डुल गर्नु [पार्कमा～] | १३ |
| ざんぎょうし | ない | ざんぎょうした | ओभर टाइम काम गर्नु | १७ |
| し | ない | した | गर्नु | ६ |
| し | ない | した | लगाउनु [टाई लगाउनु～] | २२ |
| しゅうりし | ない | しゅうりした | मर्मत गर्नु | २० |
| しゅっちょうし | ない | しゅっちょうした | व्यापारिक भ्रमणमा जानु | १७ |
| しょうかいし | ない | しょうかいした | परिचय दिनु | २४ |
| しょくじし | ない | しょくじした | खाना खानु | १३ |
| しんぱいし | ない | しんぱいした | चिन्ता गर्नु | १७ |
| せつめいし | ない | せつめいした | व्याख्या गर्नु | २४ |
| せんたくし | ない | せんたくした | धुनु (लुगा) | १९ |
| そうじし | ない | そうじした | सफा गर्नु (कोठा) | १९ |
| つれて　こ | ない | つれて　きた | लिएर आउनु | २४ |
| でんわし | ない | でんわした | फोन गर्नु | १६ |
| べんきょうし | ない | べんきょうした | अध्ययन गर्नु | ४ |
| もって　こ | ない | もって　きた | लिएर आउनु | १७ |
| よやくし | ない | よやくした | रिजर्भ गर्नु | १८ |
| りゅうがくし | ない | りゅうがくした | बिदेशमा अध्ययन गर्न जानु | २१ |

監修 निरिक्षक
鶴尾能子（चुरुओ योसिको）　石沢弘子（ईसिजावा हिरोको）

執筆協力 योगदान
田中よね（तानाखा योने）　澤田幸子（सावादा साचिको）　重川明美（सिगेखावा आकेमि）
牧野昭子（माकिनो आकिको）　御子神慶子（मिकोगामि केईको）

ネパール語翻訳 नेपाली भाषा अनुवादक
महर्जन अमिता

本文イラスト मुख्य पाठ दृष्टान्त
田辺澄美（तानाबे कियोमि）　佐藤夏枝（सातोउ नाचुए）

装丁デザイン आवरण र पुस्तकको खाका
山田武（यामादा ताकेसी）

写真提供
栃木県、姫路市、広島県

# みんなの日本語　初級Ⅰ　第2版
# 翻訳・文法解説　ネパール語版

2023 年 10 月 12 日　初版第 1 刷発行
2024 年 10 月 24 日　第 5 刷 発 行

編著者　スリーエーネットワーク
発行者　藤嵜政子
発　行　株式会社スリーエーネットワーク
　　　　〒102-0083　東京都千代田区麹町 3 丁目 4 番
　　　　　　　　　　トラスティ麹町ビル 2F
　　　　電話　営業　03（5275）2722
　　　　　　　編集　03（5275）2725
　　　　https://www.3anet.co.jp/
印　刷　萩原印刷株式会社

ISBN978-4-88319-930-3 C0081

# みんなの日本語シリーズ

スリーエーネットワーク

ウェブサイトで新刊や日本語セミナーをご案内しております。
https://www.3anet.co.jp/